手工釀葡萄牙╳西班牙醉人汁旅

伊比利半島
手刀擒來

栗子——著

作 者 序

釀出一桶牙牙好酒

「要很小心、很小心呐！」親朋得知我搶到要價僅台幣4,700元的馬
德里來回機票（卡達航空、含稅1.7萬），即將「雙槍匹馬」暢遊西
葡38天，言談間除了震撼於超過1個月的漫漫旅途，就是一個勁地皺
眉提點，和我預期的「眼冒星星羨慕不已」八竿子打不著！坦白説，
杞人們的憂心並非空穴來風，只需動指輸入「歐洲 偷搶扒」便可得
到數千筆真人真事的虛驚一場或血淚經驗，活生生的不看不知、越看
越怕……

由於事前嚇得太厲害，導致旅伴與我在造訪大城市與熱門景點時，分
分鐘猶如驚弓之鳥，精氣神耗損過頭，回台後竟昏睡兩天才得元神歸
位。儘管被偷兒扒仔嚇到吃手手，咱們卻幸運地安全過關，見我樂得
手舞足蹈，始終處在緊繃狀態的文青旅伴搖頭輕嘆：「被偷走的輕
鬆，無價！（菸）」

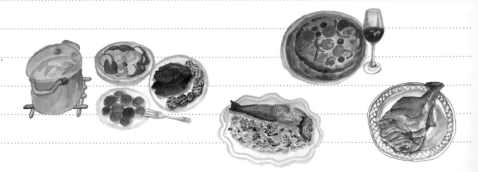

撇開偷搶扒的陰影（雖然面積頗大），西葡確是值得回味再三，高評價不僅來自俯拾皆是的世界文化遺產，也在處處長見識的異文化體驗，例如：葡萄牙連續劇灑狗血的扯度可比「三粒」八點檔，呼巴掌、孕婦摔、外遇爆樣樣來。當然，對三句不離（吃）本行的栗子小姐，那些已下肚的鮮美海味、伊比利豬生火腿、葡萄牙豬扒包等族繁不及備載的好料，更是想到就垂涎。

回顧這趟馬不停蹄又眼花撩亂的牙牙之旅，一直覺得不寫點什麼記下來著實可惜。於是，正經的就交給同胞姊姊《葡萄牙旅圖攻略》，歪經的就讓妹妹《伊比利半島手到擒來——手工釀葡萄牙╳西班牙醉人汁旅》好好「趴」給您聽！

002　作者序 釀出一桶牙牙好酒

趴得玩 Ch I
地圖手繪＋行前手摘
008

008　地圖手繪

010　行前手摘

趴得兔 Ch II
旅遊手帳
012

014　Day01・05.04（四）人累脖痠移動中

015　Day02・05.05（五）西班牙第一類接觸

018　Day03・05.06（六）巴塞隆納馬不停蹄

020　Day04・05.07（日）高第、達利好吃驚！

024　Day05・05.08（一）哇！聖家堂

027　Day06・05.09（二）烤乳豬＋水道橋＝塞哥維亞

030　Day07・05.10（三）古城漫遊＋鐵路轉乘

033　Day08・05.11（四）皇后小鎮名不虛傳

038　Day09・05.12（五）里斯本，我來了！

043　Day10・05.13（六）跳蚤市場買買提＋舊城區走不停

049　Day11・05.14（日）里斯本市區市郊奔奔奔

054　Day12・05.15（一）蛋塔＋鬥牛＋法朵＝里斯本道地遊

058　Day13・05.16（二）半夢半醒米其林

062　Day14・05.17（三）辛特拉大風吹

064　Day15・05.18（四）景點走傱不斷電

066　Day16・05.19（五）無團景點清幽超值

068　Day17・05.20（六）黃白色的埃武拉

072　Day18・05.21（日）人骨教堂熱門有理

075　Day19・05.22（一）自駕BMW邊開邊玩

078　Day20・05.23（二）波爾圖美的半點不假

082　Day21・05.24（三）吃喝玩買充實一日

086　Day22・05.25（四）布拉加快閃一日

089　Day23・05.26（五）把漏的補回來

092　Day24・05.27（六）跳蚤市場雙城記

095　Day25・05.28（日）科英布拉巧遇畢典＋男法朵現場演出

099　Day26・05.29（一）杜羅河畔享人生

102　Day27・05.30（二）波特酒莊來去喝一日

105　Day28・05.31（三）吉馬良斯・有點不湊巧

109　Day29・06.01（四）吉馬良斯第一名

111 Day30・06.02（五）舟車勞頓之重返西班牙

113 Day31・06.03（六）悠哉逛古城＋了笑遊樂園

116 Day32・06.04（日）聖城文青多、海鮮多、丐多多

118 Day33・06.05（一）熱門古城托雷多

121 Day34・06.06（二）古城逛完進大城

125 Day35・06.07（三）三次過門不入之終於入馬德里

127 Day36・06.08（四）馬德里衝刺中

129 Day37・06.09（五）大包小包歸鄉路

130 Day38・06.10（六）38日平安下莊

趴得俗麗 Ch III
妙聞手記

132 妙聞手記

134 賊仔這檔事──妙手神偷・名震亞洲

141 巴塞遇榨菜──神預言好吃驚

145 貴≠大──古堡裡的乳母與擠火車的土豪

154 里斯本，Viva──搞懂你讓我很有成就感

160 才不會忘記妳呢──滄桑姐姐法朵秀

165 熱情的殊途同歸──米其林二星＋家庭式小館

171 今仔日風真透──辛特拉，吹到不要不要！

180　開雙B‧看立石——外星人的傑作？觀光客的疑惑！

186　波爾圖煮食小日子——旅人的異鄉廚房

189　塔的單行道——聖家堂的便祕與教士塔的追兵

195　心靈支柱＋藝術聖殿——這些教堂不一般

202　味蕾思鄉病——穿越時空中餐館五部曲

211　我的腹女食袋——那些年我們上的館子

223　乞丐的千萬風情——邊○○邊乞討

225　雙色腿女孩——人人都需要同儕

228　不如來得巧——古羅馬趴＋蝙蝠畢典＋衛兵交接

趴得佛 Ch VI

樂買手信

234

聖地亞哥·德孔波斯特拉

50m

36.20m

布拉加

5h18m

吉馬良斯

54m

53m

波爾圖

阿威羅

32.0km

144m

146km

科英布拉

9h37m

奧比多斯

法蒂瑪

辛特拉

1h

50m

羅卡角

40m

2.13km

里斯本

1h30m

埃武拉

17km

阿爾門德雷斯環狀列石

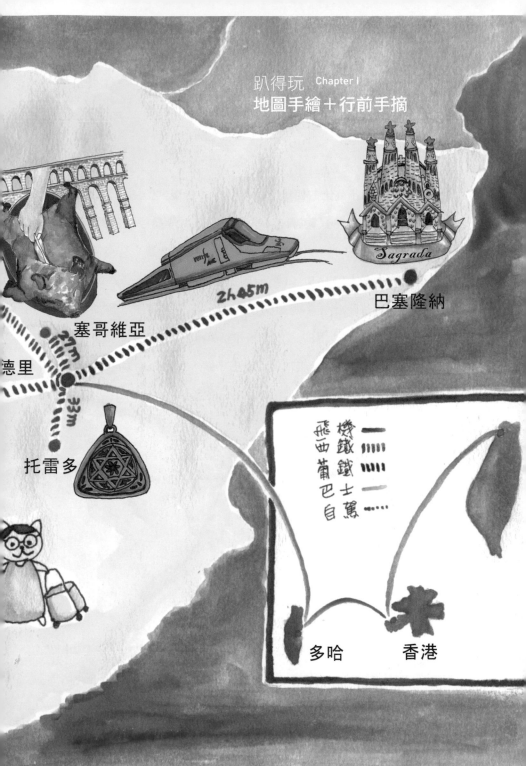

塞哥維亞

巴塞隆納

2h 45m

德里

托雷多

機鐵鐵士駕
飛西葡巴自

多哈　　香港

行前手摘

簽證

位於南歐伊比利半島上的西班牙與葡萄牙，皆屬歐盟國成員、使用歐元（Euro），持中華民國護照可享免簽優惠（最長停留日數為任180日內不得超過90日）。自2021年起，國人雖可繼續享有免簽待遇，但出發前需先至「ETIAS」（歐盟旅遊資訊與授權系統）網站填寫資料（包括：姓名、出生年月日、出生地、身分證字號、聯絡方式、信用卡等），繳納費用€7，才可獲准入境歐盟國家。需留意的是，「ETIAS」最慢需於出發前72小時提出申請，每次效期3年（或護照到期日），效期內可無限次數進出。

氣候

5月至10月為旅遊旺季、乾爽晴朗，冬季多雨寒涼。

插座

電壓220 V、圓頭雙孔型插座。

時差

台灣（GMT+8）和西班牙（GMT+1）、葡萄牙（GMT+0）各有7小時和8小時的時差，但因兩國皆於「3月最後一個周日至10月最後一個周日」實施夏令日光節約時間制度，致使時差縮短為6小時和7小時。

交通

西班牙國鐵Renfe與葡萄牙國鐵CP皆可透過網路購買並可自行列印火車票，一般可預訂即日起62天內的票券，越早訂購折扣越高。馬德里、巴塞隆納、里斯本、波爾圖等各主要城市的大眾運輸系統完善，旅客可根據搭乘需求，選擇單程、10次票、1日或多日票；如計畫參訪多個付費景點與博物館，也可考慮含免費交通票的城市卡。

住宿

透過訂房網站搜尋預訂，以靠近市中心、鄰近地鐵（步行距離10分鐘內）及環境安全（可搜尋網路相關評論，如：馬德里太陽門廣場附近的住宿雖價格適中且位置極佳，但因治安有疑慮而最好避免），訂房網站的大量評論也具參考價值。需注意的是，西葡一些歷史城區內（如：托雷多、里斯本阿爾法瑪舊城區、埃武拉、奧比多斯、吉馬良斯等）的旅社並未設置電梯，得有扛行李爬樓梯的準備。

一趴得兔 Chapter II
旅遊手帳

Day
01

人累睡疲移動中

Taipei ➤ Hong Kong ➤ Doha ➤ Madrid

摘要｜台北→香港→多哈→馬德里（05.05）

行程｜

① 台北→香港，航程2h、轉機時間3h25m

② 香港→多哈，航程8h40m、轉機時間2h40m

③ 多哈→馬德里，航程7h35m

日記｜香港過門不入之好險有翠華。

#香港塞機導致落地前須在上空盤旋四圈 #翠華是戰場 #既然如此士

兵態度就不深究 #豬豬包不錯可惜已涼 #翠華的公司登記的名字竟

是確華

消費｜

交通｜台北⇔馬德里卡達航空來回機票含稅34,908（一人17,454）

雜支｜桃機三明治NT150、港機翠華HKD150、港機星巴克HKD37

住宿｜機上

衝速度而顧不得態度的翠華

港食撫慰轉機胃

Day 02

西班牙第一類接觸

Madrid ➡ Barcelona

摘要 馬德里→巴塞隆納

① 機場乘Renfe往城南**阿托查火車站（Atocha Renfe）**，由此搭 AVE至巴塞隆納。

② 阿托查火車站周圍溜達＋午餐。

③ **馬德里MADRID-P.A** 15:30→**巴塞隆納BCN-SANTS** 18:40 （3h10m），網路早鳥預訂、車票自印即可搭乘。

④ **Barcelona-Sants火車站**循指標至Metro，購買10次票，乘地鐵深藍 線L5至**Sagrada Família站**，往西北步行300公尺即達旅社。

⑤ 旅社附近溜達＋超市購物。

終於結束無日無夜的卡達餵食秀，這 樣無日無夜的空中監獄實在磨人，好 險總有落地的時候。馬德里第一餐來 自阿托查火車站（傳說中剪鈕仔大本

營之一）附近小餐館，生火腿三明治€4、略臭火焦漢堡包€6，陽光明媚、氣溫舒爽，樂哉。

#原本想光顧的氣質美店尚未供餐 #阿托查站內如熱帶雨林 #人在西班牙時時如驚弓之鳥（越無小偷臉越有可能） #實在不想這樣看到黑影就開槍 #臭火焦漢堡包除了臭火焦其餘一切好 #馬德里經常可見遛犬人 #犬可隨意尿拉實在幸福（人進廁所得投€0.6過閘門）

長途搭機時、乘AVE時，尖叫與啼哭的孩兒真是如魔王，停不了、止不住、罵不得、哄不斷。

#魔王無國界 #機上印度嬰兒是尖叫高手 #AVE金髮嬰兒是假哭冠軍 #眾人苦笑以對

巴塞隆納晚＋早餐之生火腿好好味&窗外有民居＆巴薩米克醋平又靚，我喝！

#超市棍子熱騰騰口感香脆€0.65 #500ml可樂出乎意料的貴（超市€1.15、車站€3.5） #草莓€1.95

交通｜機場→阿托查車票€5.2（一位2.6）、馬德里→巴塞隆納Renfe去程（Turista Plus二等）€107.22（一位票價49.15＋稅金4.46＝53.61）、巴塞隆納地鐵10次票€9.95

雜支｜阿托查車站寄物櫃€3.6、站內廁所€0.6、〔午餐〕漢堡6＋法包夾肉4＋可樂＝€13.25、巴塞超市€17.88、外賣炸魚塊＋烤起司豬肉排€7.25

Hotel Sagrada Familia（聖家堂旅館）　　　推薦 ★ ★ ★ ★ ☆

入住：4日（05.05～05.09）€388（不含早餐、有電梯）

評比：近聖家堂，房間簡約舒適，浴室寬敞、水壓強、排水快、淋

浴間防水效果好

機上嬰兒猶如魔王

聖家堂旅館簡約便利有電梯

西班牙第一餐—臭火焦漢堡包

阿托查站內如熱帶雨林

Day 03 **May.06 巴塞隆納馬不停蹄**

 16486　巴塞隆納：米拉之家、巴特略之家、聖喬瑟夫市場

頂樓有戰士！

摘要　巴塞隆納：米拉之家、巴特略之家、聖喬瑟夫市場

① **米拉之家（Casa Milà）** 網路預約10:00。

② **巴特略之家（Casa Batlló）** 網路預約14:00。

③ **聖喬瑟夫市場（La Boqueria）**：營業時間
08:00～20:30、地址La Rambla, 91。沿著熱鬧
蘭布拉斯大道（La Rambla） 走，市場入口
處Marcos伊比利豬專賣店，門口掛滿火腿。
上午10:00熱鬧、16:00部分攤商已關。

米拉之家

 原以為鬆鬆的行程，結果是眼花撩亂+步履蹣跚，怎麼才第二天我已
如此不堪，難道是恐懼被偷的精神消耗導致？！

#在mango小買一件男裝外套壓驚 #米拉之家非常值得一看 #高第金
價揪天才 #網路預購門票大大有用 #義式冰激凌濃而清爽 #市場人山
人海 #傳說中必喝果汁稀而淡（虧咱還選略貴的€1.5） #終於購得
師傅手工溜的高級伊比利黑豬生火腿 #另目睹一位師傅不慎被溜火
腿利刃割破手（驚）#黑人擺攤者眾各個身手矯健

電梯按鍵有古怪之缺了關門鈕，無論是旅館、地鐵還是景點內，一

巴特略之家

虛擬實境的導覽機是一大噱頭

聖喬瑟夫市場

律不見蹤影。在台灣，咱那顆可常常都被按到褪色吶！

#我們急啊 #經常差點錯按呼叫鈴 #他們鬆啊

#悠哉溜犬者眾 #慢慢來

消費

門票｜ 米拉之家€44（一位22）、巴特略之家€47（一位23.5）

雜支｜〔午餐〕漢堡王套餐8.1＋飲料單點一杯＝€9.14、冰淇淋兩支€4.4、市場藍莓2＋覆盆子1.5＋草莓1.5＋香瓜半顆1.99＋果汁兩杯3＝€9.99、市場高級手切生火腿兩包€44、市場熟食區焗烤飯€10、家樂福超市€7.42

手信｜ 米拉之家紀念照3張€12、巴塞隆納2018主題月曆€8.5、巴特略之家紀念照€12、巴塞隆納小杯杯三個€11.7、蜥蜴鑰匙圈€3、Mango外套€55.9、蘭布拉斯大道紀念品小亭子購湯匙兩隻€7.2、市場鐵盒巧克力大8＋小3.5＋杏仁餅6＝€17.5

住宿

Hotel Sagrada Familia（聖家堂旅館）

現溜生火腿好功夫

Day 04

May.07 高第、達利好吃驚！

17647 巴塞隆納：奎爾公園、菲格雷斯、達利劇院博物館

摘要　巴塞隆納：奎爾公園、菲格雷斯、達利劇院博物館

① **奎爾公園（Park Güell）** 網路預約10:00。

② **巴塞隆納BCN-SANTS** 13:20→**菲格雷斯**

　（Figueres Vilafant） FIGUER.VL14:15（55m），網路早鳥預訂。

③ **達利劇院博物館（Teatre-Museu Dalí）**：門票可現場買，最後

　入場時間17:30。

④ **菲格雷斯FIGUER.VL**17:55→**巴塞隆納BCN-SANTS** 18:50

　（55m）。

一生能有幾次巴塞隆納，容我記錄一下自製西（班牙）式早餐內

容，無奈最好吃的竟然（又）是⋯⋯自個兒帶的榨菜！

#手溜頂級生火腿不錯吃哦（140公克€25.9） #棍子售價再創低峰

€0.39 #用瑞士刀削硬香瓜皮時覺得馬蓋先上身 #瓜的軟度與甜度由

內而外遞減

奎爾公園的馬賽克蜥蜴位於景區正中央，爬個階梯就見著，有噱頭

有亮點又便利，非常有紅的條件。人人爭與蜥蜴合影，有知有覺就

將手摸上去（違法行為），與初次見面的蜥蜴稱兄道弟，幸有酷帥

小哥認真維安（他稍微離開蜥蜴就遭連續毒手），否則肯定早褪色脫層皮！

#陽光炎炎確是拍照好時機 #拍蜥蜴獨照需要的就是耐心等待時機 #我的偽單眼再度招來真單眼委託拍照 #所拍的那對情侶非常恩愛（劃錯重點） #熱門景點周邊都受益 #高第妙點子數不盡 #熱愛自然與曲線的奇男子

達利有魔力之博物館日驚魂……空無一人的小鎮周日，只有達利劇院博物館人氣爆棚，傳出摩肩擦踵、人山人海，時時處在演唱會散場狀態。相信這一切都是達利的陰謀！

#下車幸運遇上AVE接駁公車（少走約1.5公里） #歸程公車尚未發＋小迷路（共走約2.5公里） #門票€14（漲價了） #達利真是夠瘋 #徹徹底底的奔放與天馬行空 #達利太太也樂在其中 #金蛋+十八銅人+便便麵包 #金飾設計圖極美（能按圖製作的金工實在強） #鬍子翹啊

歸時七點有餘，終有機會在外食晚餐。光顧聖家堂附近的小餐館，因為（西人生理時間）尚早故只有三桌客人。咱決心想點啥就點啥，放開來吃個過癮，於是四道料理陸續登場。首次體驗的感想是：1.上菜速度比預期的快許多（除海鮮飯稍慢，其餘僅略遜熱炒99）、2.價格十分親切、3.海鮮飯的米沒有夾生（能否以偏概全

仍待商榷）、4.蝦料理又鮮又甜又大尾，美味至極（嗜海味的旅伴一入口眼睛發直，大讚嘆）。從點到吃完不消1小時，人潮這才湧現，餐廳已無位。

晚上八點半離開，天色依舊亮光光，看似彷彿五點半。難怪當地人愛睡午覺，畢竟他們的夜還長著呢！

#這頓總共€33.4 #咱沒喝酒 #全部無地雷 #肥嫩嫩蘑菇大噴汁 #炸馬鈴薯塊熱騰騰（沾醬似有加紅椒粉與塔巴斯辣醬，我推）#海鮮飯鍋巴脆而香且飽含海味鮮美 #蝦無敵 #跑了一天的背包女人邊吃邊愛睏

奎爾公園

有專人保護的馬賽克蜥蜴

菲格雷斯＝達利

消費

交通｜巴塞隆納⇔菲格雷斯Renfe來回（Turista Plus二等）€67.2（一位票價15.27＋稅金1.53＝16.8×來回2＝33.6）、菲格雷斯火車站→博物館附近巴士€3.4（上車購票、一位1.7）

門票｜奎爾公園€14（一位7）、達利劇院博物館€28（一位14）

雜支｜〔午餐〕路邊法包三明治3.2＋可樂1＝€4.2、零卡可樂€2.4、奇異果四顆€1.2、啤酒€2、冰棒€0.8、〔晚餐〕海鮮飯＋烤大蝦＋烤蘑菇＋馬鈴薯沙拉€35（帳單33.4）

手信｜奎爾公園後巷姓名拼音磁磚三組€52.5、達利設計胸針復刻版€100

住宿

Hotel Sagrada Familia（**聖家堂旅館**）

達利劇院博物館

處處是達利天馬行空的創意妙趣

美哉金飾目不暇給

Day 05

Mgy.8 哇！聖家堂

巴塞隆納：聖家堂、蘭布拉斯大道、奧林匹克港遊船

👣 14644

摘要　巴塞隆納：聖家堂、蘭布拉斯大道、奧林匹克港遊船

行

① **聖家堂（Sagrada Família）** 網路預約09:00、登誕生立面10:30

（提早十餘分排隊搭乘電梯，需將背包置於寄物櫃）。

② 光顧Tapas名店「**Cervesería Catalana**」，營業時間08:00～

01:30（六、日延至09:00開門），地址Carrer de Mallorca, 236,

08008 Barcelona。

③ 步行至**蘭布拉斯大道**底即是**奧林匹克港**，乘40分鐘港內遊船。

旅伴日：聖家堂永遠拍不好、永遠拍不完、永遠拍不膩。（拍有沒

有五百張）

#聖家堂名不虛傳 #百聞終於一見 #高第天才無誤 #眼前所見遠勝照

片 #施工聲乒乒乓乓 #工地亦神聖 #誕生立面印證只緣身在此山中

#螺旋石梯是低調亮點

熱門Tapas餐館門庭若市，趕在熱門時段（1點）前抵達，卻仍獲得

遠離吧檯的雙人位。礙於無法直接以指點餐，只得努力望文生義，

最終上桌的多屬鄰桌也點的熱門菜式，道道美味無雷。

#此頓€50免找

光影隨時變化

#花枝非常Q彈肥厚（實在不知他的真實身分，姑且稱花枝）#海鮮炒飯米雖有硬芯但非常美味（醬濃味香）#馬鈴薯絲拌半熟蛋與Tapas醬，刺激煮婦新點子 #炸可樂餅，香啊！ #魚肉淋醬佐生火腿肉丁相當合拍 #Sangria半公升（看似無害水果酒，卻讓兩個女人中午臉大紅）最貴的也是他 #目前餐餐順口有合胃

傍晚乘船出海，船行速度快、烈日猛烈晒，眾人頭快掉、皮發紅，幸有藍天白雲＋波光粼粼撫慰心靈。恰與四位大陸旅人同船，三女一男似退休人士，其中一人手捏零食碎碎吃個不停，旅伴猜：「不會跟妳一樣帶榨菜吧！」未料玩笑話竟成神預言，一閃而過的包裝袋，就是我也曾買過吃過的學生榨菜！

#尖塔上的哥倫布姿態有趺 #船票€7.5（45分鐘港內周遊）#繼網走破冰船後今年第二船 #我是不耐日晒的女人（預備唱）#坐船是個易乏的活動，40分恰好 #地鐵周一上下班與晚間各罷工兩小時，於是搭計程車返 #歐洲人熱愛手排車，不少起步時都會自然的倒退嚕一點（驚）#榨菜控相見歡 #離開才知此地喚作奧林匹克港，無怪乍看就覺與青島奧帆基地神韻相仿

持續興建中的聖家堂

交通│ 計程車奧林匹克港→旅館€10.25（起跳2.1）

門票│ 聖家堂€58（一位29）、觀光船票€15（一位7.5）

雜支│ 聖家堂寄物櫃€1、〔午餐〕Catalana蝦炒飯＋炸可樂餅＋薯絲蛋＋烤花枝＋松露生肉碎魚片＋水果酒€50（帳單47.2）、超市€12.53、旅館旁難吃炸龍鬚甜點€5.15（秤重計價）、旅館城市稅€5.72（每人每晚0.715、最多收7日）

手信│ 藍色T恤兩件€9.98

Hotel Sagrada Familia（聖家堂旅館）

光顧Tapas名店Cerveser a Catalana

乘船出海去

惜與吧檯失之交臂

Day
06

烤乳豬+水道橋=塞哥維亞

Barcelona → Madrid → Segovia

摘要 巴塞隆納→馬德里→塞哥維亞：水道橋、Mesón de Cándido

行程

① **巴塞隆納BCN-SANTS** 07:05→**馬德里MADRID**-P.A09:50
（2h45m），網路早鳥預訂。

② 阿托查火車站乘Renfe往城北查馬丁火車站（Madrid Chamartin，
持巴塞→馬德里的Renfe車票免費轉乘，但第一次搭乘時不知
優惠、仍買票），由此搭AVE至塞哥維亞。一般而言，阿托查
（MADRID-P.A）主營開往巴塞與西班牙南部城市的班次，查馬
丁（MADRID-CH.）則是北部城市與葡萄牙里斯本。

③ **馬德里MADRID-CH.** 14:40→**塞哥維亞SEGOVIA AV** 15:07
（27m），網路早鳥預訂。

④ 塞哥維亞車站前轉乘公車11路至舊城區（上車購票）。

⑤ 水道橋旁、烤乳豬名店**Mesón de Cándido**網路預約16:00。

日記 搭AVE移動之「我們的（經濟艙）早餐」與
「絡腮鬍先生的（頭等艙）早餐」。

塞哥維亞水道橋

以摔盤子聞名的烤乳豬老店

第一名：西班牙式糖漿布丁

#我們自隨身包取出兩個三明治 #我們自隨身包取出溼紙巾擦手 #先生從公事包掏出兩個保鮮盒 #先生從公事包掏出用紅色餐巾包裹的鐵製刀叉 #把筆電墊在保鮮盒下（之後堆至座位旁） #便利與優雅的對決 #我敬佩

光顧塞哥維亞名聲赫赫烤乳豬餐館，由於正值農閒時間（下午四點），侍者服務積極迅速。豬皮薄脆令人憶起家鄉的爆豬皮，走嫩、多汁、不鹹的原味路線；蒜香鱈魚鮮嫩既清又濃，但無啥蒜味；塞哥維亞煎草菇滋味複合，難以一言以敝。

#中文菜單一目了然 #餐前麵包有鍋盔感與麵香 #豬無傳說中的豬味（但有一種豬的尾韻） #沒有看到電視播的老公公摔盤子秀 #總之是好吃的 #但不知為啥吃後內心空虛 #牛肉麵啊（這種感慨來的太早） #第一名是西班牙式糖漿布丁 #甜點回馬槍讓我眼睛大亮（暫時忘記牛肉麵） #吃飯前去旅社竟無人應門（好險飯後有人應）

塞哥維亞謀殺（記憶卡）事件

#只恨鏡頭不是眼睛 #水道橋180度全是景 #一直拍一直拍一直拍 #消化乳豬的同時風景看到飽

水道橋之不拍妳也難

哈卜城市旅舍附有陽台

 消費

交通｜搭計程車由巴塞隆納旅館→火車站€15（起跳6）、巴塞隆納→馬德里Renfe回程（Turista Plus二等）€129.82（一位票價59.5＋稅金5.41＝64.91）、阿托查→查馬丁車票€3.4（一位1.7）、馬德里→塞哥維亞Renfe去程（Turista Plus二等）€22.48（一位票價10.3＋稅金0.94＝11.24）、塞哥維亞火車站→水道橋公車11路€4（一位2）

雜支｜巴塞隆納站內咖啡一杯€2.5、阿托查車站廁所兩人€1.2、查馬丁站內咖啡店餐點€14.35、烤乳豬名店€70（帳單66.54，乳豬20.91＋鱈魚18.82＋草菇9.41＋布丁6.36＋水、麵包）、超市€5.14（日式炒麵杯1.59＋芬達2＋啤酒0.55＋優格1）

 住宿

Hab Urban Hostel（哈卜城市旅舍） 推薦 ★ ★ ★ ★ ☆

入住：1日（05.09～05.10）€64（不含早餐、無電梯）

評比：入住前需確認抵達時間，浴室窄、淋浴間防水稍差，新裝修、房間經濟簡約，無快煮壺（公共區提供熱開水）。露台奢侈級寬敞，可由此眺望古城街道。

Day 07 *May10* 古城漫遊＋鐵路轉乘

塞哥維亞 → 馬德里 → 里斯本

19326

 摘要　塞哥維亞 → 馬德里 → 里斯本

 行程

① **塞哥維亞古城**漫遊：水道橋N次回訪、主教座堂、城堡……

② **塞哥維亞SEGOVIA AV** 18:22（38m）**→馬德里MADRID-CH.** 18:50，網路早鳥預訂

③ **馬德里MADRID-CH.** 21:43**→里斯本LISBOA-ORI** 隔日07:20（9h37m，發車時間誤點約30分，至西、葡邊境有警察敲門檢查護照），網路早鳥預訂

拍到不要不要的水道橋

塞哥維亞主教座堂

 日記

塞哥維亞太陽烈、塞哥維亞風很勁、塞哥維亞很好拍、塞哥維亞下次見！

#日日面對水道橋的紀念品店奶奶哀愁稱已顧店45年 #日日夜夜、朝10晚8 #人生果然如人飲水 #光線一變又拍不停 #記憶卡出乎預料消得快 #上午輕鬆突破萬步 #巧妙發現環城郊野步道 #拍了好多的城堡與舊城 #吃到傳說中美味的堅果巧克力塔（難得甜而沒那麼快膩）#然後是旅社樓下的豐盛漢堡與焦香三明治 #傍晚轉為購物行程 #衣服磁磚GoGoGo

由馬德里查馬丁搭乘夜火車往里斯本東方車站，入住G Class含衛浴設備兩人間，稱這是土豪包廂並不屬實，頂多是北歐監獄罷了！

#有自己的洗手間已是火車中的頂級 #還有熱水淋浴簡直是阿聯酋頭等艙 #盥洗包含吸水性強大毛巾、耳塞兩副、牙刷牙膏兩組、水一瓶、沐浴洗髮乳、梳子、浴帽等等 #其實已非常好 #車廂有歷史感

消費

交通 | 水道橋公車站→塞哥維亞火車站公車11路€4（一位2）、塞哥維亞→馬德里Renfe回程（Turista Plus二等）€22.48（一位票價10.3＋稅金0.94＝11.24）、馬德里→里斯本CP單程（G Class）€262.04（一位票價120.1＋稅金10.92＝131.02）

雜支 | 主教座堂旁好評蛋糕店Lemon and Mint€12.7、旅館樓下漢堡店兩組套餐€21.75、假檸檬水€2

手信 | 老婆婆小店€76（黑白盤4.5＋鍍錫聖像小屏風71.5）、皇家風銀湯匙12支€70（本為72）、衣褲€32.98（牛仔褲19.99＋小黑長裙12.99）、亮片綠及藍色外套€72.98、背心裙€31.99、花花熟年衣兩件€30.98、塞哥維亞壓鐵片€1.05、問了不好意思不買磁磚€2.5

住宿 **跨境火車G Class車廂** 推薦 ★ ★ ★ ☆ ☆

入住：1日（05.10～05.11）

評比：空間狹小但有獨立衛浴，盥洗包五臟俱全（此行唯一給牙刷的過夜點），乾淨度中，水壓強夠熱。部分資料稱有附晚餐，實際搭乘無供應餐點。

吃一餐飽兩頓的豪邁大漢堡

白雪公主城堡的原型—塞哥維亞城堡

不斷地等火車與坐火車

Day 08

May 11

皇后小鎮名不虛傳

Lisbon ➤ Obidos

摘要 里斯本→奧比多斯、城區遊覽

① **里斯本東方車站**→同名**地鐵站Oriente**→（Alameda轉車）
→**Campo Grande地鐵站**→乘TEJO BUS經營巴士rápida verde
（綠線快速）至奧比多斯（上車買票）

② 綠線快速的上車處需留意：出Campo Grande站走後門（前門有
許多巴士停靠的車站）→出後門、左轉下樓梯（或正面手扶梯
下樓後左轉）→正前方可見rápida verde長途巴士候車亭→過馬
路即達

③ 里斯本出發後的行經車站依序是「Lisboa（Campo Grande地鐵
站）→Bombarral→Óbidos→Caldas da Rainha」，Óbidos與前一
站Bombarral約有10～15分鐘時間差

④ 造訪景點清單

A.**奧比多斯旅客服務中心（Tourism Information）**：時間
09:30～19:30、奧比多斯南側停車場旁。

B.**波爾塔城門（Porta da Vila）**：進出奧比多斯鎮的主要南側
入口，採阻止敵人入侵的雙重式設計。

皇后小鎮─奧比多斯

C. **酒窖二手書店（Vila Literária de Óbidos）**：時間11:00～19:00，環繞書店的牆面是葡萄酒木箱堆砌而成的書架，陳列大量葡文書籍，另一側販售有機蔬果。

D. **12月1日咖啡餐館（Cafe Restaurante 1 Dezembro Lda）**：時間07:00~23:00。食尚玩家曾介紹，浩子阿翔大餤烤肉高麗菜飯與多汁大漢堡。

E. **卡皮涅家庭麵包坊（Capinha d' Óbidos）**：時間10:00～20:00，天然材料與柴燒窯烤爐，製作出純粹新鮮的彎月形麵包（Pão Caseiro）、布丁麵包（Pão Chouriço）和葡萄牙傳統糕點（Bolos Tradicionais）。

F. **聖瑪麗亞教堂（Igreja de Santa Maria）＋恥辱柱（Pelourinho de Óbidos）**：時間09:30～12:30、14:30～19:00，初建於12世紀，天花板與牆壁以磁磚畫裝飾，主祭壇採金色為主體的巴洛克式。1448年，時年16歲的葡萄牙國王阿方索五世與小兩個月的表妹伊莎貝拉在這成婚；立於15世紀、曼努埃爾風格的恥辱柱，是葡萄牙國王約翰二世夫婦為悼念溺水身亡的阿方索王子與捨身相救的漁夫所建，之後一度成為固定與展示套上木枷刑具犯人的地點，故得此名。

G. **聖雅各教堂（Igreja de São Tiago）**：時間10:00～19:00，位置毗鄰城牆，屬巴洛克式與新古典主義的建築風格，現轉型為兼具圖書館、電影放映室等多功能的文藝中心。

H. **奧比多斯城堡（Castelo de Óbidos）**：1755年，里斯本大地震對宮殿嚴重損壞而一度荒廢，直到1950年代才改建為對外開放的奧比多斯城堡望廈賓館。

I. **奧比多斯水道橋（Aqueduto de Óbidos）**：建於1570年的水道橋，以石頭砌成、全長6公里。

J. **拉米羅的新家（A Nova Casa De Ramiro）**：時間12:00～23:00，外觀藍白色調，店內採中世紀暖色系風格，海鮮、牛排都非常出色，服務生親切專業，可請其代為推薦。

K. **主耶穌石聖殿（Santuario do Senhor Jesus da Pedra）**：主耶穌石聖殿座落於奧比多斯鎮東北方的城牆外，位置荒涼，巴洛克式建築為罕見的六角形結構。聖殿主祭壇供奉的是刻有耶穌受難形象的十字架石碑，獨樹一格、值得專程前往。

L. **石先生咖啡小吃（Senhor da Pedra／Cafe Snack Bar）**：時間11:30～22:00，位於主耶穌石聖殿旁，供應簡單傳統又經濟實惠的道地葡國菜。

皇后小鎮令按快門頻率再創高峰，記憶卡滿（相片導致）、行李箱有點滿（瓷盤子導致）、腦袋也是滿滿滿，因為塞哥維亞也是謀殺

（記憶體）高峰，結果峰峰相連無絕期～

#奧比多斯紀念品太驚人 #軟木塞製品輕且款式多 #瓷器製品太美（財力充足一貨櫃也無問題） #櫻桃酒看似果汁果汁但有烈 #店家關門速度迅猛 #急著下班的妹妹連膠帶都貼錯位置也無暇重貼 #盜亦有道的觀光小鎮（可樂€1，佛心價） #超市遍尋不著 #城牆有孤絕感且誘發懼高症 #小鎮繞五圈

交通｜ 里斯本Viva Card€21（一位儲值10＋空卡費0.5＝10.5）、里斯本→奧比多斯巴士單程票€15.4（一位7.7）

雜支｜ 卡皮涅家庭麵包坊€5.4（彎月形麵包4＋咖啡兩杯1.4）、書店小農桑葚€2、旅館拿行李小費€5、〔午餐〕拉米羅的新家€93（雙人牛排＋烤大蝦＝帳單91）、〔晚餐〕12月1日咖啡餐館€7（漢堡＋兩瓶可樂）

手信｜ 十字架＋小鈴鐺€30、切盤刀組＋聖母盤＋橄欖盤€27、大湯瓢架＋蛋杯兩個＋鈴鐺€21.9、銀湯匙＋法朵吉他胸針€45.5、罌粟花大湯瓢架＋罌粟花方碟兩個＋橄欖檯布€22.5、公雞檯布三條€9

城內小巷幽靜可愛

酒窖二手書店

 住宿

Pousada Castelo de Obidos

推薦 ★ ★ ★ ★ ☆

（卡斯特洛奧比多斯酒店）

入住：1日（05.11～05.12）€207（含早餐、無電梯）

評比：可住進世界遺產城堡內，從入口需走一段與爬樓梯（建議勿帶大行李），房間家具厚實但空間窄小（高級房型可能會大些），浴室設備走小豪宅風格、有浴缸。早餐氣氛佳，飲料除果汁、牛奶外還有香檳，選擇雖不多但擺盤精心。

拉米羅的新家

無圍欄城牆，不發懼高症也難！

城堡酒店的浴室最有派頭

Day 09

乘車要衝—無花果樹廣場

摘要 奧比多斯→里斯本、舊城區遊覽

① 城堡豐盛早餐＋奧比多斯紀念品血拚

② 公車站（來時下車處斜對面）搭乘巴士rápida verde（綠線快速）回里斯本**Campo Grande地鐵站→Rossio地鐵站**

③ **羅西歐（Rossio）** 周邊景點

　A. **國家糕餅坊（Confeitaria Nacional）**：時間08:00～21:00，創業於1829年，是里斯本最富歷史的近200年老店，招牌國王蛋糕（Bolos á Fatia，每片€2.75）為口感紮實、有咖啡、鳳梨、草莓等口味選擇，而葡國必見的葡式蛋塔則是外酥內稠、甜度適中，搭配純黑的Bica或添加牛奶的Galão都很順口。

　B. **無花果樹廣場（Praça da Figueira）**：廣場一側為建於1971年的約翰一世騎馬青銅雕像，作者是葡萄牙現代雕塑家Leopoldo de Almeida，貝倫區發現者紀念碑也是他的作品。

　C. **豬扒包之家（Casa das Bifanas）**：06:30～00:00（周日休），此地販售的豬扒包€2.1堪稱是澳門同胞（包）的祖師

奶奶，醃漬豬肉片夠味、麵包鬆軟，再加上葡國常見的Piri-Piri辣油更美味。不只鹹食，店內自製的超濃大布丁也是一絕。

D. **羅西歐廣場（Praça do Rossio）**：中央立有葡萄牙國王暨第一任巴西皇帝佩德羅四世身穿王袍、頭戴桂冠、右手持憲法憲章的加冕紀念柱。廣場一側有旅客服務中心及一間大型布店（販售以葡國罐頭、磁磚畫為主題的布料，價格實惠），人流複雜、注意扒手！

E. **聖多明我堂（Igreja de São Domingos）**：時間07:30～19:00，免費。一旁同名廣場是當地外國移民（特別是非洲裔）聚集區，其中央豎立一座圓形、中央星狀的紀念碑，用34種語言寫著「里斯本·寬容之城」，藉此哀悼1506年發生於此地、針對猶太人的大屠殺悲劇。

F. **瑪麗亞二世國家劇院（Teatro Nacional D. Maria II）**：周二與周日10:30～19:00，為葡萄牙享有盛名的表演場地，劇院內有不同功能的廳室以舉辦各種類型的藝文活動。

④ 於羅西歐廣場搭乘TUK TUK至位於阿爾法瑪舊城區的旅社

⑤ 阿爾法瑪周邊景點

A. **太陽門觀景台（Miradouro das Portas do Sol）**：摩爾人統治時

期建造的太陽門，惜此建築已毀於1755年的大地震。

B. **28 café**：時間09:30～19:30，裝潢從裡到外處處洋溢「電車感」，兩側窗戶展示各時期的里斯本街頭風光，店內供應的義式冰淇淋濃醇香。

C. **聖喬治城堡（Castelo de São Jorge）**：時間09:00～21:00，票價€8.5。13世紀中，葡萄牙王國將首都遷至里斯本，城堡成為皇宮，並進行修護與延伸，14世紀時已建成有77座塔樓、周長5.4公里的堅固堡壘，重要性在16世紀初逐漸下滑，目前為旅遊勝地與鳥瞰全市風光的制高點。

住在城堡裡之早餐有香檳

#房間小而窄（應該是乳母而非公主房） #城堡餐廳侍者嘴巴碎念忙如陀螺但效率不彰 #皇室人或至少傭人應都瘦小 #門好窄 #本想拍日出但睡到天大亮 #我住在城堡裡 #還是當現代人好

里斯本首日重點大集合

#電車拍到乏 #蛋塔已下肚 #豬扒包呷落 #入教堂 #鑽舊城 #爬城堡 #逛街道 #買葡布 #遊廣場 #搭地鐵 #乘Tuck Tuck（繼西安瘋狂摩的狂笑又一章） #傍晚加碼聖喬治城堡夕陽（當地男女、韓國女孩攜

訪葡第一塔

道地豬扒包

聖胡斯塔電梯

酒與酒杯迎夕陽對飲） #雖然步數不多但老娘今天真的好累好累好累累

 消費

交通｜奧比多斯→里斯本巴士單程票€15.4（一位7.7）、Rossio地鐵站→旅館TUK TUK€10、Viva Card儲值€6（一位3、為找換零錢打開投幣式寄物櫃）

門票｜聖喬治城堡€17（一位8.5）

雜支｜Rossio地鐵站寄物櫃€11.5、國家糕餅坊€9.35（蛋塔1.4×2＋國王蛋糕2.7＋Bica黑咖啡1.1×2＋Galão牛奶咖啡1.65）、豬扒包之家€13.5（豬扒包×2＋可樂×2＋布丁）、冰淇淋兩球€3.6、柳橙汁兩杯€5、超市€5.8（日式炒麵杯＋可樂＋棍子麵包＋接骨木汽水）

手信｜數個隔熱手套＋檯布＋杯墊€17.75、橄欖檯布€3.4、布匹€26.42（80cm魚罐頭花色11.96＋80cm磁磚畫花色13.46＋零碼櫻桃花色1）、魚及藍色桌巾等€14.25

住宿 Alfama - Lisbon Lounge Suites 推薦 ★ ★ ★ ★ ☆

（里斯本阿法瑪休閒套房酒店）

入住：5日（05.12～05.17）€360（不含早餐、無電梯）

評比：浩角翔起2015年拍攝「食尚玩家」時入住，地處舊城區中心，緊鄰28電車路線旁，電車拍到怕。房間採現代極簡風格、非常寬敞，淋浴門不夠緊密、洗時有水滲出（可能是個別問題），吹風機需入住時向服務人員免費借用。

葡味十足的羅西歐廣場

聖喬治城堡賞夕陽

毗鄰28路電車線的休閒套房酒店

May13 跳蚤市場買買提＋舊城區走不停
里斯本舊城區

 摘要　里斯本舊城區

① 周六重頭戲——**里斯本跳蚤市場（Feira da Ladra）**：時間周二、周六09:00～18:00。擺攤範圍廣，由城外聖文生教堂後方向外蔓延，整體以葡國風紀念品、磁磚碗盤五金等二手貨為主，種類繁多、屬極易下手的銅板價，由國家先賢祠頂層可眺望整座市集。

② 阿爾法瑪舊城區（Alfama）周邊景點 I

A. **國家先賢祠（Panteão Nacional）**：4月至9月10:00～18:00、10月至隔年3月10:00～17:00（周一休），票價€4。自17世紀末開始蓋300年才完工，曾是葡人心目中的爛尾樓象徵。1966年竣工後，便成為安葬葡國傑出人士的國家先賢祠，數任總統、政治家、傑出足球員、知名歌手（如法朵女王Amália Rodrigues）、作家等皆長眠在此，並為葡萄牙航海事業的開創者恩里克王子、史上首位由歐洲航海至印度的探險家達伽馬等偉人設立紀念碑。

B. **城外聖文生教堂（Igreja de São Vicente de Fora）**：時間10:00～18:00（周一休），票價€5。堂內祭壇採巴洛克式風

格，處處可見豐富精美磁磚畫，並設置葬有葡萄牙布拉干薩王朝歷代君主及成員的皇家先賢祠（Panteão da Dinastia de Bragança）。20世紀初遇刺身亡的末代皇室父子國王卡洛斯一世與王儲路易‧菲利普，以及最後一任葡萄牙國王曼努埃爾二世（卡洛斯一世次子）皆長眠於此。

C. **法朵博物館（Museu do Fado）**：10:00～18:00（周一休），票價€5。博物館的前身為一座公共澡堂，館內收藏並展示與法朵有關的樂譜、樂器、歌者傳記、油畫、漫畫小品等，以及欣賞法朵女王Amália Rodrigues的表演影像與其他男女歌手的經典歌曲。

D. **尖石宮（Casa dos Bicos）**：時間10:00～18:00（周一、周日休），票價€3。尖石宮是舊城區少數在里斯本大地震後倖存的建物，現由葡萄牙作家喬賽‧薩拉馬戈的同名基金會管理，並設有以其文學作品為主題的常設展，薩拉馬戈曾於1998年以寓言小說《盲目》獲諾貝爾文學獎。

③ 龐巴爾下城區（Baixa）周邊景點

A. **聖母無玷始胎舊堂（Igreja da Conceição Velha）**：教堂為震災後重建，立面與兩側房屋相連、雕刻精美，建築為在曼努埃爾式基礎上融合晚期哥德式與文藝復興時期，展現藝術的複合式美感。

來葡萄牙就要買／吃罐頭

B. **里斯本罐頭專賣店（Conserveira de Lisboa）**：09:00～19:00（周日休）。賣魚女商標的Tricana種類最多，涵蓋沙丁魚（Sardinha）、鮪魚（Atum）、鱈魚（Bacalhau）、鯖魚（Cavala）、鰻魚（Lampreia）、墨魚（Lulas）、鮭魚（Salmão）、魚卵（Ovas），而商標為貓頭的Minor和帆船的Prata do Mar，則是以小型魚類、魚醬和熟食罐頭為主。店內空間有限，除販售也有員工進行包裝貼標工作，雖可拍照但切記勿開閃光燈（會造成售貨員眼睛不適）。

C. **商業廣場（Praça do Comércio）**：「商業」兩字是為向18世紀大地震後出資重建里斯本的資本家致敬，銘黃色主體建物採U型格局、屬新古典風格，目前部分為政府部門、部分為商業使用。與奧古斯塔商業街連接的凱旋門（Arco da Rua Augusta），1873年完工，最高處為榮耀女神給女傑Valor（美德）與英雄Genius（天才）加冕的塑像，可搭乘電梯€2.5至塔頂參觀。

D. 商業廣場周圍：生產彩色衛生紙的**Renova品牌形象洗手間The Sexiest WC on Earth**、文豪摯愛的咖啡廳**Café Martinho da Arcada**、講述城市歷史的**Lisboa Story Centre**、將罐頭變身餐桌料理的**Can the Can**、遍嘗十餘款葡萄酒的品酒室

ViniPortugal，以及各式潮流服飾、高檔餐廳、夜總會與旅客服務中心Ask me Lisboa等。

E. **奧古斯塔商業街（Rua Augusta）**：里斯本的主要街道，南起凱旋門與商業廣場、北至羅西歐廣場。街道兩側建築均為震後所建，是全球第一批抗震建築，現有許多大型國際品牌進駐，中央步行區有餐館、街頭表演等，而富有盛名的里斯本時尚與**設計博物館（MUDE）**就位於凱旋門附近。

里斯本跳蚤市場之每攤都想逛

④ 阿爾法瑪舊城區（Alfama）周邊景點 II

A. **聖安東尼堂（Igreja de Santo António）**：時間周二至周五08:00〜19:00；周六至周日08:00〜19:45（周一休），聖安東尼為葡萄牙、航海、窮困者與尋找失物者的守護神，形象是手抱聖嬰耶穌（有時另一手會持象徵貞潔聖德的百合花），天主教徒在物品遺失時（或延伸至尋找伴侶）就會請求祂的幫助。

B. **里斯本主教座堂（Sé de Lisboa）**：時間09:00〜19:00，教堂免費、珍寶館€2.5（周日休）、修道院€2.5、珍寶館＋修道院聯票€4。建於1147年，為里斯本最古老的天主教堂，經歷多次地震天災、戰爭人禍與數次改建，形成融合羅馬、哥德與巴洛克式的多重風格。

 里斯本，繼續打轉轉。

#周末市集好澎湃（磁磚畫入手不怕重） #舊磁磚應是直接從牆上挖

下（後面還帶水泥） #目不暇給之樣樣心癢癢 #然後是教堂教堂教

堂 #商業廣場旁看點處處 #彩色衛生紙洗手間讓人甘心花€1解放兼

拍照 #然後又買紀念品 #磁盤子多又多 #要玩也要購 #行程緊湊而奔

忙 #舊城區是迷途好所在 #持續電車拍不停中 #嘴巴說不拍了結果相

機依舊掏出來 #正在掙扎要不要聽現場法朵（晚上8點到11點，深夜

問題多啊）

 交通｜里斯本卡（Lisboa Card）24小時€38（一位19）

門票｜國家先賢祠€8（一位4）、城外聖文生博物館€5（旅伴未

入）、法朵博物館€10（一位5）、彩色衛生紙洗手間€2

（一位1）

雜支｜〔午餐〕聖塔阿波羅車站（Lisboa-Santa Apolónia）旁餐館炸

魚和咖哩雞套餐€20、Café Martinho da Arcada兩杯咖啡＋蛋

白霜塔€8、雜貨店爛桃子四顆€1.2、可樂一瓶€1.5、超市€7.2

（日式炒麵杯＋鳳梨汁＋可樂＋啤酒）

手信｜跳蚤市場舊磁磚五片€15、28路電車木頭印章€5、教堂內明

信片€0.5、陶瓷酒瓶塞與陶瓷燕子壁飾等一批€23.5、罐頭專賣店魚罐頭＋橄欖油一批€25.4、法朵博物館商品€49（CD兩片17＋12＋里斯本主題繪本20）、旅客服務中心商品€26.85（磁磚書20＋圓罐頭1.95＋肥皂4.9）、主教座堂商品€8.9（明信片三張0.9＋十字架項鍊8）、印度老闆紀念品店一批€40（切盤刀組兩個20＋大湯瓢架兩個10＋醃漬橄欖專用盤（8字形盤有大小凹洞）兩個10）、1942鰻魚罐頭專賣店罐頭一個€10

 住宿 Alfama - Lisbon Lounge Suites（里斯本阿法瑪休閒套房酒店）

奧古斯塔商業街

商業廣場北側的凱旋門

Day
11

May.14 里斯本市區市郊奔奔奔
里斯本舊城區、大耶穌像、LX文創工廠

17242

摘要　里斯本舊城區、大耶穌像、LX文創工廠

① 搭計程車至**埃什特雷拉聖殿（Basílica da Estrela）**：時間 08:00～13:00、15:00～20:00，可乘電車28E至Estrela。聖殿由共同繼位的新任國王瑪麗亞一世與佩德羅三世下令修築，目的本是還願（兩人誓若兒子能繼承王位，就會修建一座教堂），未料王子竟在27歲（教堂完工前兩年）罹患天花病逝。接連面臨喪夫喪子之痛的女王因精神疾病而避走巴西，去世後遺體運回里斯本，安葬於自己一手建造的聖殿內。

② 乘電車28 E返回市區，至**比卡升降機（Elevador da Bica）**附近下車。

③ 希亞多（Chiado）＋上城（Bairro Alto）周邊景點

　A. **比卡升降機**：周一至周六07:00～21:00、周日09:00～21:00，現場買票往返€3.7。里斯本市內有4座升降機，除垂直運行的聖胡斯塔升降機（Elevador de Santa Justa），其餘的比卡、榮耀（Elevador da Glória）與修道院（Elevador do Lavra）就是沿山坡興建的纜索鐵路。

　B. **曼蒂蛋塔（Manteigaria）**：時間08:00～00:00，葡式蛋塔€1。

里斯本市區蛋塔名店，皮脆餡濃、甜而不膩，店內空間狹小，可外帶至一旁的賈梅士廣場品嘗。

C. **巴西人咖啡館（Café A Brasileira）**：時間08:00～02:00，咖啡€1.5起。里斯本最知名的咖啡館，露天區的葡萄牙詩人費爾南多·佩索亞銅像是旅客必訪的熱門打卡點。

D. **粉紅色街區（R. Nova do Carvalho）**：顧名思義，因道路漆成粉紅色得名，早年曾是特種行業聚集區，現在則開設多間別具特色的主題酒吧。

E. **里斯本河濱市場（Mercado da Ribeira）**：里斯本最熱鬧的複合式擺攤市場，平日以生鮮、花卉為主，周六、日則分別有手工藝市集、二手古玩和文創市集。

F. **Time Out Market**：時間周日至周三10:00～00:00，設置20多間餐廳的時尚美食大排檔，建議可試試里斯本最棒冰淇淋**Santini**與葡國帥哥廚師開設的速食店**Henrique Sá Pessoa**。

④ 前往**里斯本大耶穌像（Santuário Nacional de Cristo Rei）**：Time Out Market斜對面的**Cais do Sodré地鐵站**，循指標至同名渡輪碼頭，乘渡輪黃線3至**Cacilhas**，出碼頭即可見**Cacilhas地鐵站**（起點），搭地鐵至**Almada站**，下車後往西北方走15～20分鐘。大耶

穌像開放時間09:30～18:30，電梯至觀景台票價€5。

⑤ 前往**LX文創工廠（LX Factory）**：大耶穌像乘TUK TUK至 **Cacilhas**，再坐渡輪回到**Cais do Sodré**，由此搭電車15 E至 **Alcântara - Av. 24 de Julho**站（感覺由海岸線轉內陸時可下車）。

A. **慢慢讀（Ler Devagar）**：時間12:00～00:00，令人眼界大開的什麼都賣特色書店。

B. **LX露天市集（LXMarket）**：時間周日10:00～19:00，以販售手作藝品、二手復古、衣著首飾、天然食材為主。

⑥ 搭電車15E至終點站羅西歐廣場，遊覽周邊景點。

A. **自由大道（Avenida da Liberdade）**：貫穿市中心、擁有雙向10線道的主要幹道，南北兩端分別為**光復廣場（Praça dos Restauradores）**與**龐巴爾侯爵廣場（Praça do Marquês de Pombal）**，前者是紀念1640年葡萄牙經歷西班牙一甲子統治後重獲獨立的歷史，後者則在推崇龐巴爾侯爵於里斯本震後復甦的重大貢獻。

比卡升降機

B. **榮耀升降機**：低處車站鄰近光復廣場，為三座纜索鐵路中人氣最旺的一個。

C. **阿爾坎塔拉聖伯多祿花園（Miradouro de São Pedro de Alcântara）**：花園面積0.6公頃，可搭乘榮耀升降機或攀登**榮耀之路（Calçada da Glória）**前往，最適合夕陽時分造訪，周末有小型文創市集。

D. **聖胡斯塔升降機**：里斯本地標之一，因駕駛人員動作較慢導致的長龍，實際搭乘時間不到一分鐘。

E. **卡爾莫考古博物館（Museu Arqueológico do Carmo）**：時間10:00～19:00，票價€4。館藏可追溯至西元前3500年，藏品包括石刻、陶瓷、石棺、埃及木乃伊等，搭乘聖胡斯塔升降機至上層即達。

持續登高、吃蛋塔、逛市集與拍（搭）電車中。

#首度突破兩萬步 #記憶卡殺的快 #耶穌像真的大（也走頗遠） #嘟嘟車駕駛不少女性 #態度悠哉不糾纏（此點讓人無壓力） #基本一趟€10 #搭計程車給10元阿伯司機直說謝謝不找零（零是€3多） #旅行就是要大方（但阿伯這款使人錯愕兼不樂） #窮家裡富路上 #葡萄牙型男多

交通 ｜ 計程車€10（旅館→埃什特雷拉聖殿）、地鐵兩人€2.7（Cacilhas→Almada，一位1.35）、TUK TUK€10（大耶穌像→Cacilhas碼頭）、計程車€8（羅西歐廣場→旅館）

門票 ｜ 大耶穌像電梯門票兩人€10（一位5）

雜支 ｜ 曼蒂蛋塔咖啡€3.5、〔午餐〕Time Out Market漢堡套餐€9.95（漢堡7.95＋可樂2）、〔午餐〕Time Out Market炒蝦＆牛排€27.3（牛排17.4＋炒蝦料理9.9）、接骨木啤酒兩瓶€4、Time Out Market冰淇淋小一支€2.9、可樂€1.25、超市€12.38

手信 ｜ 埃什特雷拉聖殿販售明信片兩張€1

 Alfama - Lisbon Lounge Suites（里斯本阿法瑪休閒套房酒店）

里斯本大耶穌像

入選全球最美22間書店的慢慢讀

阿爾坎塔拉聖伯多祿花園

Day 12

May.25 蛋塔＋鬥牛＋法朵＝里斯本道地遊

21945

貝倫、鬥牛場、古爾本基安美術館、阿爾法瑪舊城區聽法朵

摘要 貝倫、鬥牛場、古爾本基安美術館、阿爾法瑪舊城區聽法朵

① 商業廣場、**Cais do Sodré地鐵站**搭乘電車15E至Belém站

② **貝倫（Belém）**周邊景點

A. **葡萄牙國立馬車博物館（Museu Nacional dos Coches）：** 時間10:00～18:00（周一休），門票新館€6、舊館€4，展示16～19世紀、葡萄牙全盛時期的奢華馬車、人力轎與騎士制服、馬術器具等。目前有新、舊兩館，兩者相距僅百公尺，經典馬車多已轉往新館，舊館則是建築本體富饒歷史。

B. **貝倫宮（Palácio de Belém）：** 時間周六10:30～16:30，票價€5，現為葡萄牙總統府，需九點現場預約報名。

C. **共和國總統府博物館（Museu da Presidência da República）：** 時間10:00～18:00（周一休），票價：€2.5（周日13:00前免費入場）。

D. **貝倫烘焙坊（Pastéis de Belém）：** 時間08:00～23:00，葡式蛋塔€1.05，葡式蛋塔創始店，分為外帶、內用兩區，前者在門口排隊購買，後者直接入內。座位區宛若大型迷宮，如有位置可自行入坐，如無則至底排隊候位，服務員各個手腳俐

葡式蛋塔始祖—貝倫烘焙坊

發現者紀念碑

落、腦袋清楚，無須擔心被遺漏。

E. **熱羅尼莫斯修道院（Mosteiro dos Jerónimos）**：時間10:00～18:30（周一休），票價€10，初建於16世紀，為曼努埃爾建築風格傑作，1983年與貝倫塔一併列入世界文化遺產。

F. **發現者紀念碑（Padrão dos Descobrimentos）**：10:00～19:00（周一休），票價€4，1960年為紀念航海家恩里克王子逝世500周年興建，紀念碑以船為發想，上面刻有33位葡萄牙航海時代的重要推手，可購票乘電梯至景觀台。

G. **貝倫塔（Torre de Belém）**：時間10:00～18:30，票價€6，1520年落成，最初具有港口防禦功能，爾後轉作燈塔、電報台使用，貝倫塔整體屬曼努埃爾式風格，彰顯葡萄牙在大航海時代的國威遠播。

③ 搭電車15 E至**Cais do Sodré地鐵站**，轉乘地鐵至**Campo Pequeno地鐵站**。

A. **鬥牛場（Campo Pequeno）**：時間10:00～13:00、14:00～19:00（冬季提早一小時閉館），票價博物館＋競技場€5、鬥牛表演€15起，1892年落成，屬摩爾復興風格磚造建築，每年4至10月會鬥牛比賽。葡萄牙式鬥牛並非零和決鬥，而是人與牛相互鬥力鬥

乘馬車遊貝倫

智的表演活動，場面相形較不血腥。

B. **古爾本基安美術館（Museu Calouste Gulbenkian）**：時間 10:00～18:00（周一休），票價為創始人收藏＋現代收藏＋臨時展覽€14（周日14:00後免費入場）。美術館主要展示古爾本基安的個人收藏，名作包括：畫家莫內「維特尼流域塞納河解凍」、「靜物甜瓜」；馬內「吹泡泡的男孩」、「手拿櫻桃的男孩」；米勒「彩虹」、「冬景」；雷諾瓦「正在讀《費加羅報》的莫內夫人」；以及雕塑家羅丹「永恆的春天」、「加萊義民」等。

④ 乘地鐵至 **Baixa-Chiado地鐵站**，步行返阿爾法瑪舊城區，晚間聽法朵。

頂著陽光走貝倫令人想哭，至貝倫塔時有種即使休克也救不了我的感慨～

#太陽一整個烈到炸開 #連愛陽光的老外都躲在陰影處吃冰 #沿著海岸線從紀念碑走到貝倫塔再次體會看山跑死馬 #我羨慕坐遊覽車的團客 #不巧周一來啥子都沒開（馬車博物館沒開、修道院沒開、紀念碑沒開、貝倫塔竟然歲修）#所以改天還要再訪 #不是明明有查資料嗎？鬼遮眼之計畫趕不上變化 #感謝旅伴不離不棄不責備

里斯本鬥牛場

法朵Live Show

傳說中的「發抖」入眼，臨場果然不同凡響，女演出者爆發力強，

男（葡萄牙吉他）演奏者自彈自唱別有一番風味。窗外電車奔馳、

窗內法朵熱唱，好個阿爾法瑪舊城區的里斯本體驗。

#開頭人少後客滿 #購入CD兩張（含簽名與合照） #吉他手功力了

得 #八到十一點共四段表演 #中途可結帳離席（但可惜） #治安頗

佳（至少我們今晚 是） #走回旅社途中拍到令旅伴唧唧叫的電車夜

景 #電車已拍300張了吧 #今日破20000步

消費

交通｜ Viva Card儲值€6（一位3）

門票｜ 熱羅尼莫斯修道院旁海軍特展€21.02（一人10.51）

雜支｜ 〔午餐〕熱羅尼莫斯餐館€32（帳單30.3）、貝倫蛋塔店

€7.5、路邊攤易開罐檸檬茶€2、水€1、古爾本基安美術館園

區內咖啡廳€4.65（水＋檸檬汁＋咖啡）、近主教座堂路邊冰

淇淋店3球€5.7、〔晚餐〕誘惑餐廳Fado Live Show€55（帳單

53.2）

手信｜ Fado Live Show姐姐CD兩張€40（一張20）

住宿

Alfama - Lisbon Lounge Suites（里斯本阿法瑪休閒套房酒店）

Day
13

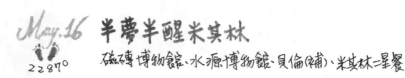
May.16　半夢半醒米其林
磁磚博物館、水源博物館、貝倫(補)、米其林二星餐

摘
要　磁磚博物館、水源博物館、貝倫（補）、米其林二星餐

① **商業廣場、Cais do Sodré地鐵站**搭乘電車15E至Belém站

② 搭計程車至**國家磁磚博物館（Museu Nacional do Azulejo）**：時間10:00～18:00（周一休）、票價€5（周日14:00入場免費），博物館位於16世紀初建造的聖母修道院內，1965年成立，收藏單色、彩色、平面、立體、中西各式樣的磁磚畫。除了展示，館內也有系統地進行磁磚畫修復工作，非常值得一探。

③ **水源博物館（Museu da Água）**：10:00～17:30（周一、周日休），票價€10，保存並展示里斯本城市發展過程中，水利工程的設備與演進。

④ 搭計程車至**聖洛克堂（Igreja de São Roque）**：時間08:30～17:00，外觀立面樸素、堂內鍍金華麗，中央為巴洛克風格的聖母升天場景，兩側共9座小堂各有主題、精緻細膩。隔壁有創於1905年的聖洛克天主教藝術博物館，票價€2.5（周日14:00前入場免費）。

⑤ 搭計程車至貝倫，將昨日因周一休息而未參觀的**葡萄牙國立馬車博物館、熱羅尼莫斯修道院**補上。

極推薦的磁磚博物館

世界文化遺產─熱羅尼莫斯修道院

⑥ 搭計程車至**王儲花園（Jardim do Príncipe Real）**：英式造景花園，
附近有知名烤肉店──**弗記烤肉（Frangasqueira Nacional）**。

⑦ 步行重溫**阿爾坎塔拉聖伯多祿花園、比卡升降機、巴西人咖啡**……

⑧ 光顧米其林二星──**貝爾坎圖餐廳（Belcanto）**：由新生代名廚
José Avillez打理，擅長多元料理與異國風味，需先透過官網預約，
按門鈴待侍者確認身分才得入內，套餐每人€125起跳。

日記

由磁磚博物館行至水源博物館差點沒要命，晒到熱到無遮蔽到超乎
想像，我的脖子已成黑圍巾。

#磁磚博物館非常值得一去 #Google Maps上的一公分、人生的幾公
里 #明明看起來近近，走起來真要命 #搭計程車又遇到莫名其妙嚇
屎人大塞車 #平均一分鐘移動不超過一公尺 #塞到這樣無法無天無
邊無際只是因為一場窄路上的小擦撞

#導致回堵數十公里 #在里斯本坐計
程車最怕遇事故（移動緩慢但跳表

飛快）　#慘上慘是司機阿伯竟然不開冷氣　#感覺就像在蒸籠裡靜止不動

#偷懶沒偷到的計程車之日

暗時光顧里斯本米其林2星餐館，21:30享用，創下近年最晚紀錄。過程中

餐點處處創意，彷彿味蕾記憶大挑戰─這個味道有吃過（鱔魚意麵）、

那種水果有嚐過（沖繩檸檬）、這款奶油有抹過（北海道入口即化好奶

油）……主廚似乎偏好日式和風調味與手法。

#拾人牙慧之吃美食也要長知識　#入坐前先參觀廚房，土包子開花　#主廚

活潑比YA　#套餐一道接一道　#道道有典故　#道道含創意　#點子無價　#碳香

奶油讓我想起鄉下家燒柴灶

交通｜計程車€6（旅館→磁磚博物館）、計程車€13（水源博物館

　　　　→商業廣場一帶，因交通嚴重堵塞提前下車）、計程車€5.95

　　　　（聖洛克堂→馬車博物館）、計程車€12.05（貝倫→王儲花

　　　　園）、計程車€5（貝爾坎圖餐廳→主教座堂附近，司機稱舊

　　　　城區難開提早放我們下車）

門票｜磁磚博物館€10（一位5）、水源博物館€8（一位4）、聖洛

　　　　克天主教藝術博物館€5（一位2.5）、馬車博物館€8（一位

　　　　4）、熱羅尼莫斯修道院€20（一位10）

雜支｜水€1、貝倫蛋塔店€10（帳單9.85）、巴西人咖啡€7（帳單6.3）

手信｜磁磚博物館€46（葡式蛋塔磁磚＋書＋杯墊）、馬車博物館中文簡體字手冊€8、巴西人咖啡附近書店Livraria Bertrand Chiado€46.9（里斯本磁磚書＋波爾圖磁磚書＋性教育童書＋罐頭造型食譜）

 住宿 Alfama - Lisbon Lounge Suites（里斯本阿法瑪休閒套房酒店）

巴西人咖啡館與詩人費爾南多銅像

（被迫）參觀米其林廚房

辛 特 拉 大 風 吹

Lisbon ➠ Sintra

可於自動售票機購買辛特拉一日交通卡

摘要 里斯本→辛特拉：羅卡角、火車站周邊

行徑

① 搭TUK TUK至**羅西歐火車站（Estação de Caminhos de Ferro do Rossio）**，由此乘火車專線CP「**Linha de Sintra**」至末站辛特拉，班距15分、車程約40分。

② 辛特拉火車站前（出車站正門左轉）乘公車403至**羅卡角（Cabo da Roca）**：車程50分，歐洲大陸最西端，可在這裡購買「到此一遊」證書€11。

③ 乘403返回辛特拉火車站、附近小逛。

海天一色羅卡角

日記 里斯本＋辛特拉之綜藝大集合

#里斯本行程在忙碌中結束 #走訪許多博物館與教堂 #磁磚博物館最是值得 #修道院與馬車博物館、蛋塔店都是二訪 #截至目前為止共吞下12個塔 #皮酥脆薄且沒有很甜（和其他甜點相比非常收斂） #辛特拉好涼啊

懷舊餐廳的豐盛早餐

入住桑達德木屋旅館地下室

#公車上的小屁孩全球一致 #羅卡角風超強（腦中持續播放尤雅名曲

「等無人」副歌：海鳥笑我空等……）#明天繼續爬城堡

消費

交通｜TUK TUK€20（四人座大車，旅館→羅西歐火車站）、辛特

拉一日交通卡€31（一人15.5）

雜支｜〔午餐〕不尋常的路易斯創意料理（Incomum by Luis

Santos）午間套餐€22（帳單21.4、一人9.5＋咖啡1.2＝

10.7）、〔晚餐〕懷舊咖啡館（Café Saudade）€16.8（熱壓鮭

魚三明治＋煙燻鮭魚三明治＋檸檬汁＋咖啡）、可樂兩罐€2

手信｜「○○駕臨歐洲大陸最西端」到此一遊證書€11

住宿

Chalet Saudade（桑達德木屋旅館） 推薦 ★ ★ ★ ☆ ☆

入住：3日（05.17～05.20）€207（含早餐、無電梯）

評比：距離火車站頗近但有高低差（需樓梯或微陡坡），攜帶大件

行李者較辛苦。房間位於地下室（樓上為房東住所）較潮溼，一樓

公眾休息區舒適、可眺望風景且提供酒類免費飲用，早餐與附近的

懷舊咖啡館合作，每日略有變化、豐盛至極！房間較窄，浴室排水

慢（可能是地下室的通病或個別問題）。

May.18 景點走傱不斷電

10942

辛特拉：佩納宮、摩爾人城堡、辛特拉宮、市區漫遊

摘要　辛特拉：佩納宮、摩爾人城堡、辛特拉宮、市區漫遊

佩納宮

① 辛特拉火車站前（出車站正門右轉）乘公車434至**佩納宮（Palácio da Pena）**：車程25分，由下車處需爬近10分上坡可見宮殿入口，慢慢走不辛苦。

② 佩納宮公車站乘434至**摩爾人城堡（Castelo dos Mouros）**：車程3分、步行亦可達，外圍園區免費，僅有城牆部分需購票。

③ 摩爾人城堡公車站乘434返回市區**辛特拉宮（Palácio Nacional de Sintra）**：車程20分，看點包括：雪糕煙筒煙囪、天鵝廳、喜鵲廳。

④ 步行至市區巷弄內的**皮里基塔咖啡甜點店（Piriquita）**：需抽號碼牌再點餐（非熱門時段可直接點），品嘗辛特拉名甜點——酥皮枕頭（Travesseiro），外皮口感酥脆（熱食尤佳）、內餡為卡士達醬，相當甜濃。

⑤ 步行前往零負評的葡國菜——**瑙帕拉提餐廳（Nau Palatina）**：生意好、位置少，可於5天內透過貓途鷹網站訂位。老闆詳細介紹每道料理，海鮮烹調出色。

看不完的城，爬不完的堡，辛特拉風強風強風很強。

#搭公車時遇上假看站牌真插隊的老外情侶（面不改色搶到最後座

位，厚顏啊） #佩納宮五彩繽紛 #摩爾人城堡宛若長城 #辛特拉宮

屋頂精彩 #甜點很甜 #連續多日老外餐

（下定決心要光顧中餐館） #今日爬樓

梯80層

摩爾人城堡

消費

交通 | 434公車一日票€11（一人5.5）

門票 | 辛特拉景點聯票€74.4（一人37.2，

含佩納宮＋摩爾人城堡＋辛特拉宮＋蒙塞拉特宮）

雜支 | 〔甜點〕皮里基塔咖啡甜點店€4.9（耶穌枕頭1.4＋蛋糕＋黑

咖啡兩杯）、〔晚餐〕瑙帕拉提餐廳€39（帳單37.9，茶蛋＋

百里香章魚片＋橄欖油炒蒜頭蝦＋紅酒燉牛肉＋啤酒一瓶）

手信 | 辛特拉宮中文簡介€8、明信片€1

住宿

Chalet Saudade

（桑達德木屋旅館）

辛特拉宮

需要抽票等候的
皮里基塔咖啡甜點店

> Day
> 16

May. 19

無圍景點清幽超值

辛特拉：蒙塞拉特宮、雷加萊拉莊園、觀光電車

摘要 辛特拉：蒙塞拉特宮、雷加萊拉莊園、觀光電車

行程

① 辛特拉火車站前（出車站正門右轉）乘公車435至**蒙塞拉特宮（Palácio de Monserrate）**：免與434人龍排隊，直接在公車亭內等候，車程20分。由門口步行至宮殿約10分，全程下坡，其間也有付費接駁車€2.5。此宮為浪漫主義代表，建於19世紀末，以蒙古紋飾雕花、東方風情藝術與珍奇植物造景聞名。

② 蒙塞拉特宮公車站乘435返**雷加萊拉莊園（Quinta da Regaleira）**：車程10分，可於前一站**色提業宮（Palácio de Setesis）**下車，下坡步行即達，若在同名站下車則需爬250公尺上坡。莊園是融合符號學、意識形態、神祕主義等多重風格的「迷幻宮」，務必造訪深達27公尺的**神祕井（The Initiation Well）**，唯須注意井內陰暗溼滑、當心腳步！

③ 雷加萊拉莊園步行返回市區。

④ 步行至**辛特拉觀光電車（Elétrico de Sintra）**起點：辛特拉火車站東北1公里，近**辛特拉電力博物館（Vila Alda - Casa do Eléctrico de Sintra）**，每日運行時間10:20～17:45、15分一班，票價€3。

融合東方元素的蒙塞拉特宮

宮內種植各式奇花異草

日記　兩個富豪莊園各有妙趣，東方元素PK神祕主義，穿梭其間的公車則走飄渺路線，完全不按表發車，大傢伙兒只有等的份。

#以為沒開的觀光電車竟然有開 #中國餐館撫慰吃麵包多日的旅人

#餐館名為大福 #價位€21.2佛心來著 #小妹夾著炸透透的春捲登場

#還有我愛的「古老肉」 #炒飯十分不錯 #既名為「耗」油牛肉就不

點了 #美好的家鄉味 #整日重點都是中國菜

消費

交通｜435公車€4.4（一人單程1.1）、儲值火車票€4.4（一人2.2，辛特拉→里斯本）

門票｜雷加萊拉莊園門票€12（一人6）

雜支｜〔午餐〕Hambúrguer Real漢堡套餐兩份€21.9、飲料€1.95（可樂＋汽水）、〔晚餐〕大福樓€21.2（古老肉＋春捲一根＋炒飯＋辣子雞＋酸辣湯）

手信｜鐵皮手作模型車兩台€15（28Ｅ電車5＋Bica纜車10）

住宿

Chalet Saudade

（桑達德木屋旅館）

神祕主義風格的雷加萊拉莊園

辛特拉觀光電車

 辛特拉→里斯本→埃武拉：埃武拉城區

① 辛特拉火車站→**里斯本Sete Rios火車站**

（近Jardim Zoológico地鐵站）→步行至鄰

近**巴士運輸總站Rede Expressos - Lisboa**（站內櫃檯購票）→

乘Rede Expressos至埃武拉（車程1.5小時）。

② 客運站位於老城區西郊，周邊冷清，出站後左轉、沿著Av. Túlio

Espanca（N114）馬路直走350公尺見圓環與城牆，穿過城門即

入城區。

③ 埃武拉（Évora）城內景點

A. **埃武拉古城牆（Muralhas de Évora）**：中世紀古城牆，自

14至19世紀間進行多次整修。

B. **希拉爾廣場（Praça do Giraldo）**：露天咖啡座＋拱廊商店

氣氛舒適悠哉，廣場旁有**旅客服務中心（Turismo）**，旁邊

城外運輸用簡易馬車

黃白色的埃武拉

Sintra ➤➤ Lisbon ➤➤ Évora

是中國人開設的紀念品店，種類繁多（什麼都
有）、價格便宜，可於此補充日常用品。

城內觀光用精裝馬車

C. 希拉爾廣場中心噴泉（Fonte Henriquina）：
埃武拉水道橋終點站，8個噴口除象徵噴泉由8
條溪流匯聚，也代表由廣場延伸的8條街道。

D. 埃武拉主教座堂（Sé Catedral de Évora）：09:00～12:00、
14:00～17:00（門票一日通用），教堂＋迴廊＋塔樓票價€3.5。
入口石柱門廊上為14世紀的耶穌門徒雕刻，博物館（需另外購票
€4）以宗教藝術為主，館藏十分豐富，鎮館之寶是一尊高12吋、
象牙材質的聖母瑪麗亞雕像。

E. 黛安娜羅馬神廟（Templo de Diana）：建於西元2世紀，伊比
利半島現存狀態最佳的羅馬神廟遺址，現存部分為神廟後半、採
花崗岩材質的羅馬柱。

火車轉巴士至烈陽豔豔的埃武拉，老城區以黃白為主調，觀光客不
若辛特拉那般滔滔。爬好一陣石板路上坡才達廣場旁的旅社，汗流
浹背、臉發紅，結果旅社繼續得抬行李爬樓，苦哉……稍喘息後抓
緊時間遊景點，觀光客一刻不得閒！

晚餐再度墮落沉淪於中餐館，又遇上一中國團。館子名為「財源」，以李小龍為招牌，內播鄧麗君歌曲，料理頗佳，炒高麗菜鑊氣十足，讚哉。

#大吃€40 #接下來會乖乖吃葡國菜 #中國餐館的壽司很跳痛（感覺像十多年前名滿一時的上閤屋） #旅途正式邁入後二分之一 #旅伴想吃便當或乾麵 #我是牛肉麵和川菜 #自從巴塞隆納後每間旅社都在爬樓梯 #埃武拉市區常見自動販賣機商店，有飲料有熱食，漢堡熱狗一鍵即有

 交通｜里斯本→埃武拉巴士€25（一人12.5）

門票｜埃武拉主教座堂門票€4（一人2，時間已晚僅販售教堂門票，不含塔樓與迴廊）、聖約翰福音傳教士教會（Igreja São Joao Evangelista）＋卡達瓦爾宮（Palácio Cadaval）門票€14（一人7，門票貴森森，若無特別偏好免進）

雜支｜里斯本汽車站廁所€1.5（一次0.5）、埃武拉汽車站廁所€0.2、〔晚餐〕財源酒樓€40（帳單39.15、糖醋里肌＋酥炸雞丁＋手撕包菜＋鐵板牛柳＋海鮮炒麵）、4A電池四顆€1.75、礦泉水大瓶裝＋冰棒一枝€1.1、投幣式販賣機€2.5（可樂1.1＋鳳梨汽水寶特瓶裝1.4）

手信｜機器壓幣薄片€1.05（1是壓製費、0.05是被壓的錢幣）

住宿

Evora Inn Chiado Design

推薦 ★ ★ ☆ ☆

（埃武拉池亞多設計酒店）

入住：2日（05.20～05.22）€108（含早餐、無電梯）

評比：地處埃武拉古城中心，可由窗戶眺望
希拉爾廣場。房間裝潢現代、空間寬敞，惜
未附快煮壺與包裝水，淋浴間水壓強但門關
不緊（可能是個別問題）易導致水外噴。早
餐清爽簡單，種類不多、食材新鮮。

設計酒店房間大且紅

希拉爾廣場中心噴泉

常見販售飲料熱食的自動販賣機

黛安娜羅馬神廟

Day 18

May.21 人骨教堂熱門有理
埃武拉古城區

21727

摘要 埃武拉古城區

行程

① **人骨教堂（Capela dos Ossos）**：門票€4（循指標由大教堂旁的小門入內）、時間09:00～17:00，最初只是聖方濟天主堂（Igreja de São Francisco）的附屬禮拜堂，入口處橫樑上「Nós ossos que aqui estamos pelos vossos esperamos」（我們的屍骨在此等待你們的屍骨）。

② **埃武拉城牆**＋周圍公園

③ 確認租車公司Europcar Evora位置，明日早上09:00取車。

④ **修道院咖啡館（Pastelaria Conventual Pão de Rala）**：時間07:30～20:00，位於寧靜小廣場旁，供應埃武拉最具代表性的杏仁蛋糕（Pão de Rala）€3，其餘蛋黃糖（罕見值得一試）、葡式蛋塔也很有水準。店內裝潢古意雅致，櫃檯牆面是一幅製作糕點為主題的磁磚畫。

⑤ **納爾多餐館（Tábua do Naldo）**：時間12:30～15:00、19:00～23:00，擅長炸物並以木砧板擺盤為特色的餐館，一入座便送上

豐盛拼盤（若不需要可退掉），用畢再選擇主餐或結帳（拼盤量大使人飽）。

⑥ **埃武拉水道橋（Aqueduto de Água de Prata）**：16世紀中完成、圍繞古城區的水利建設，以高架方式將水源引入城內，部分拱橋與商店、住家融為一體。

⑦ **糕點廠咖啡館（Fábrica dos Pastéis）**：時間10:00～21:00，位於希拉爾廣場旁巷弄內的知名葡式蛋塔店。

走進傳說中的人骨教堂，不若想像的陰森，只是對有密集恐懼症（尤其對福壽螺卵）的我，過密了些，好險排得很整齊（同時罹患整齊強迫症）。

#人骨教堂人氣忒旺 #埃武拉大學周日竟沒開 #水道橋與民居合而為一十分獨特 #晚上竟然吃中國人經營的日式吃到飽店 #大碗又滿意 #老外客人超級多且多搶炒麵炒飯與炸雞塊 #店內人氣騰騰可比人骨教堂

門票｜人骨教堂€8（一人4）

雜支｜修道院咖啡館€4.2（杏仁蛋糕3＋蛋黃糖1.2）、〔午餐〕納

爾多餐館€45（前菜18＋可樂3×2＋麵包1＋牛排20）、8G
記憶卡€8.95、飲料€2、糕點廠咖啡館€3.4（一個蛋塔＋兩罐
檸檬茶）、〔晚餐〕Samurai吃到飽€29（一人12.9＋可樂兩
瓶）、販賣機可樂一瓶€1.1

手信｜28Ｅ電車模型€3.95

住宿 **Evora Inn Chiado Design（埃武拉池亞多設計酒店）**

水道橋與住宅二合一

人骨教堂人氣旺

巷弄裡的糕點廠咖啡館

自駕 BMW 邊開邊玩

Évora ➤ Cromeleque dos Almendres ➤➤
Fátima ➤➤ Aveiro ➤➤ Porto

埃武拉大學

摘要

埃武拉→環狀列石→法蒂瑪→阿威羅→波爾圖

行程

① 搭計程車至Europcar（Est.De Viana,Lt.10, 7000-171 Évora）取車。

② 開車至**埃武拉大學（Universidade de Évora）**：時間09:00～18:00（周日休），門票€3，葡國第二所高等學府（1559），曾關閉200年（1973重啟），教室迴廊可見描繪古希臘哲學家授課場景的磁磚畫。

③ 埃武拉大學→**阿爾門德雷斯環狀列石（Cromeleque dos Almendres）、阿爾門德雷斯巨石（Menir dos Almendres）→法蒂瑪（Fátima）**。

④ **法蒂瑪聖母朝聖地（Santuário de Fátima）**：法蒂瑪位於葡國中部，里斯本以北123公里、波爾圖以南187公里，因1917年連續發生聖母瑪利亞顯靈神蹟（三位牧童聲稱在5月至10月的13日同一時辰看到聖母）而聞名，而祂也被稱作「玫瑰法蒂瑪聖

母」。朝聖地始建於1928年、1953年啟用，包含顯靈小堂、玫瑰聖

母聖殿等部分，是天主教徒重要的朝聖地。

⑤ 法蒂瑪→**阿威羅（Aveiro）**：位在波爾圖以

南70公里的臨海城市，盛產海鮮及海鹽。

阿爾門德雷斯環狀列石

⑥ 阿威羅→**波爾圖Europcar**（Rua António Bessa

Leite 1478, Porto）還車，搭計程車至旅社。

姐人生的第一次BMW，哇嗚～

#一切來的太突然 #開BB第一次被迫上手 #先至法蒂瑪再衝波爾圖

#高速公路的貨櫃屋休息站竟然有提供免費水（很難得、很難得、真

的很難得） #輕輕一催140 #所以要比輕更輕 #高速公路車馬稀（收

費約台灣三倍） #也有類似Etag的快速通關

歡迎來到咱在波爾圖的Home

#在超市大買特買後亂亂煮 #仗著住好幾日而亂亂買 #煎肉時油也亂

亂噴（感謝旅伴毫無怨言收拾善後） #紅酒便宜到擔心喝了瞎眼睛

#初榨橄欖油750ml才€3.19 #其

餘菜菜肉肉不過€10 #明日再上

工 #姐今天奔的好厲害

法蒂瑪聖母朝聖地

度假勝地阿威羅

波-阿爾馬達340公寓如家一般

 消費

交通｜ 計程車€5（旅館→埃武拉租車公司）、租車一日NT4,032（自動排檔含全險）、高速公路過路費€85.49、租車歸還前加滿油€34.22、計程車€10（波爾圖租車公司→旅館）

門票｜ 埃武拉大學€6（一人3）

雜支｜ 高速公路休息站€9.3（果汁＋冷吱吱漢堡＋礦泉水）、〔午餐〕法蒂瑪小餐館€13.85（2肉飯套餐＋飲料）、高速公路休息站雪糕一枝€1.9、波爾圖旅社旁Minipreço超級市場€25.04（肉類＋蔬菜＋水果＋橄欖油＋巴薩米克醋＋飲料等）

 住宿

BO - Almada 340（波-阿爾馬達340公寓）　　　推薦 ★ ★ ★ ★ ★

入住：4日（05.22～05.26）€308.44（不含早餐、無電梯、有廚房）

評比：鄰近波爾圖市中心，附近有超市、地鐵、旅遊服務中心等機能佳。房間寬敞有隔間、露台，備有完整廚房廚具碗筷冰箱等，膠囊咖啡免費享用，闆娘熱情開朗請住客把這兒當家且不會干涉。唯一小缺點是，不會主動更換毛巾、地墊（淋浴間滲漏導致地墊全溼），即使已用數日並放在水槽示意更換，仍用晒衣架攤開晾乾。

波爾圖美的半點不假
Porto：舊城區中心地帶景點＋美食

自由廣場氣勢恢弘

摘要 波爾圖：舊城區中心地帶景點＋美食

① **自由廣場（Praça da Liberdade）**：波爾圖市區交通要衝、旅遊景點及政經中心，中央立有佩德羅四世騎馬青銅雕像，兩側林立銀行、五星級飯店及建於18世紀的聖安東尼堂，立面更以磁磚畫裝飾。

② **帝國麥當勞（McDonald's Imperial）**：時間08:00～01:00，堪稱最美速食店，建築物歷史超過80年，前身是頗富名氣的帝國咖啡館（即可說明為何牆上的彩繪玻璃主題是採咖啡豆、喝咖啡），門口仍保留象徵帝國咖啡館的雄鷹雕像。

③ **聖本篤火車站（Estação Ferroviária de Porto - São Bento）**：1916年啟用，以大量描繪葡萄牙歷史的磁磚畫廣為人知，為觀光客必訪景點，其磁磚畫使用兩萬塊藍白傳統磁磚、耗時11年才完工。

④ **戰鬥廣場（Praça da Batalha）**：因10世紀波爾圖居民與摩爾人

在此爆發激烈衝突而命名，中央立有1866年落成的佩德羅五世脫帽立身像，東為現代主義風格建築──戰鬥電影院以及紅色建築──戰鬥宮（旁有一間郵局ctt correios，紅底白字騎馬），南是聖若翰國家劇院，西為18世紀落成、使用過萬磁磚裝飾的巴洛克式聖伊爾德豐索教堂。廣場上不僅有復古電車運行，亦是巷弄探險的好地方，附近的**熱狗小吃店（Cervejaria Gazela）**廣受當地人喜愛，被譽為「波爾圖最美味熱狗」，非常值得一試！

5 **聖地亞哥咖啡廳（Café Santiago）**：時間11:00～23:00，訪波爾圖必吃的溼答答三明治or法國小女孩Francesinha名店，個人覺得口味鹹、分量大（單單薯條就像山），主要是吃新奇。

6 市區服裝店血拚時間。

7 **Rua Santa Catarina**漫遊，街上有大名鼎鼎雄偉咖啡廳（Majestic Café）。

8 **波爾圖傳統市場（Mercado do Bolhão）**：時間07:00～17:00，自1850年開始營運，販售生鮮花材外，也有不少紀念品攤位，商品種類繁多、老闆開價公道。

聖本篤火車站

9 **聖靈教堂（Capela das Almas）**：時間07:00～13:00、15:30～19:00，最負盛名的藍磁磚教堂，描述聖方濟各之死等聖經故事與宗教事件的

波爾圖傳統市場

磁磚畫完成於1929年，共使用15,947塊磁磚。

⑩ **帕小姐咖啡館（Miss Pavlova）**：時間周二至周六12:00～19:30，由網路販售紅到開實體店面，最擅製作鬆脆酥皮與奶油餡的糕點，現與文創雜貨店共用店面。

⑪ **教士堂（Igreja dos Clérigos）＋教士塔（Torre dos Clérigos）**：時間09:00～19:00，教堂＋登塔票價€3。兩者皆屬巴洛克式風格，建於18世紀，其中教室塔曾是波爾圖最高的建築物，可由塔頂環視整座城市，但前提是得連續爬超過兩百層螺旋階梯。

⑫ **佩德羅烤雞專賣店（Pedro dos Frangos）**：時間11:30～15:00、19:00～22:30，以烤雞烤肉馳名的老店，店家分立道路兩側，一邊烤一邊用餐，綜合拼盤分量足，章魚粥（Arroz de Polvo Malandrinho）偏鹹，也可添加葡萄牙人最愛的Piri Piri辣油，十分對味。

日記

波爾圖陽光燦爛會（曬）傷人，厚厚安耐曬也擋不住，水一直灌、鹽一直吃（料理鹹啊）。

#嚐到傳說中的溼答答三明治 #嚐到傳說中的霹靂烤雞 #所謂的霹靂其實是風行於葡萄牙的piripiri辣油 #中間爬了百階教士塔（追兵在後之爬得不要不要）#看了一堆磁磚畫教堂 #坡很多的波爾圖，難怪另一譯名是波多 #上下班時間在坡中賽車好恐怖 #感覺坡沒止沒

盡頭 #烤雞拼盤與章魚粥都鹹 #配薯條吃的我好辛苦 #白飯配紅燒

肉才是最愛 #波爾圖真的很美麗（城市美、商店美） #葡萄牙人臉

雖臭但善良 #全城無人打洋傘

消費

門票｜教士堂＋教士塔門票€8（一人4）

雜支｜〔早午餐〕熱狗小吃店€10（熱狗＋豬扒包＋葡萄牙博克啤

酒Super Bock＋葡萄牙夏派汽水Sumol）、〔午餐〕聖地亞

哥咖啡廳€18.8（溼答答三明治Francesinha9.5＋熱狗6.5＋可

樂）、超市冰棒€1.24、帕小姐咖啡館€10.2（檸檬蛋糕＋奶油

水果蛋白霜派＋咖啡＋檸檬汁）、〔晚餐〕佩德羅烤雞專賣

店€38（帳單37.55，章魚粥10.5＋綜合拼盤22.5＋可樂1.3×2

＋薯條＋麵包）

手信｜娘衫數件Ⅰ€70、娘衫數件Ⅱ€23.98、波爾圖傳統市場紀念品

Ⅰ檯布3條€5、市場紀念品Ⅱ檯布2條€6、市場紀念品Ⅲ瓷器

數件€17、市場紀念品Ⅳ軟木皮夾3個€19.5、市場紀念品Ⅴ地

磚風刺繡檯布4條€20

住宿

BO - Almada 340（波-阿爾馬達340公寓）

最負盛名的
藍磁磚教堂—聖靈教堂

May 24

15861

吃喝玩買充實一日
波爾圖：舊城區靠杜羅河畔景點＋美食

摘要 波爾圖：舊城區靠杜羅河畔景點＋美食

1. 偶遇波爾圖在地品牌**Nastra服飾店**，走清新舒適偏日系風，闆娘一如多數歐洲店員不會糾纏，可安心挑選。

2. **萊羅兄弟書店（Livraria Lello & Irmão）**：時間10:00～19:30，票價€4（可抵消費，需至上坡處門市購票），數度在世界最美書店榜上有名，也是《哈利波特》作者旅居波爾圖時經常流連的地方，店內時時擠滿慕名而來的遊客。

3. **Fernandes, Matos & Cª Lda禮品行**：時間10:00～20:00，位於萊羅兄弟書店隔壁，販售復古文具及雜貨飾品。對面的小型商店街Passeio dos Clérigos也別具特色。

4. **卡莫教堂（Igreja do Carmo）**：時間08:00～18:00，以外牆貼滿磁磚畫聞名的教堂，堂內使用大量鍍金裝飾。教堂對面可搭乘復古電車18、22至戰鬥廣場，車資€2.5（上車購票）。

5. **花街（Rua das Flores）**：16世紀時，由花園改建成的街道，因鄰近港口而成為藝品匠師與商人、醫師、神職人員等專業人士的聚集區，現為歷史城區內難得平緩易走的商業步行街。

6. **恩里克王子廣場（Praça do Infante D. Henrique）**：廣場中央

立有恩里克王子雕像，用以紀念這位葡國航

海事業的開創者，澳門人慣稱殷皇子。

⑦ 證券交易宮（Palácio da Bolsa）：今日舉辦國

際會議臨時閉館，擇日再來！

⑧ **聖方濟各堂（Igreja de São Francisco）**：時間09:00～19:00，票價

€4.5，使用600公斤黃金打造的超奢華巴洛克裝飾教堂，唯內部不允

拍照，教堂前靠河處為復古電車1終點站。

⑨ 步行至**登山纜車（Funicular dos Guindais）**河濱站（Ribeira，路易

斯一世大橋下層入口對面），乘纜車至戰鬥站（Batalha，近戰鬥廣

場），時間08:00～22:00（冬季平日縮短至20:00），車票單程€2.5。

⑩ **Oh Portus咖啡館**：時間10:00～17:30（周一休），氣氛悠閒的複合式

咖啡館，供應漢堡一類輕食，並販售當地生產的軟木製品、帽子、首

飾、明信片等。

⑪ **波爾圖主教座堂（Sé do Porto）**：時間09:00～19:00，教堂免費、聖

器室€3，為葡國最富歷史、最重要的羅馬式建築之一，立面兩側分別

有兩座方形鐘樓，整體結構厚重紮實，堂內收藏並展示14～19世紀的

宗教文物珍藏。

⑫ **São Bento地鐵站**乘車至**24 de Agosto地鐵站**，尋找位於此站旁的長

在地品牌Nastra服飾店

途**巴士站Rede Expressos / Transdev – Porto**。

⑬ 步行至**山羊腳夫人餐館（Dama Pé de Cabra）**惜未開，下回再訪！

最美書店已成最熱景點，就是站在最角落仍不時遭閃光燈襲擊，都是打卡惹得禍。

#有聽過哪間書店賣門票嗎 #盜亦有道之€4門票可抵書銷（不含筆記書籤且一本書只能抵一張） #證券交易宮不巧遭西裝套裝人攻佔（推估是開啥金融會議），今日不開改日再訪 #公園再度巧遇寶萊塢外景大隊（上次是在溫莎古堡前） #太陽烈到我皮膚紅 #接下來應該是變黑或脫皮 #度假的代價 #傍晚造訪咖啡館未開 #旅伴曰：今日主題close（旅館闆娘笑言波爾圖各個景點close、不巧遇到景點close） #波爾圖是謀殺記憶卡高手 #晚間又煮豐盛的 #有紅酒燉牛肉捏（因為紅酒實在喝不完） #橄欖油倒的量只輸速水茂虎道

交通｜登山纜車Ribeira→Batalha€5（一人2.5）、地鐵單程€3.6（一人1.8，含首次購Andante儲值卡0.6）

門票｜萊羅兄弟書店€8（一人4）、聖方濟各堂€10（兩位門票＋簡

介）、主教座堂聖器室€6（一人3）

雜支│ 萊羅書店對面飲料小攤€3.8（可樂＋檸檬汁）、礦泉水大瓶

裝€0.5、〔午餐〕Oh Portus咖啡館€8.9（漢堡＋柳橙汁）、

Minipreço超級市場€24.25（肉類＋蔬菜＋水果+起司+優格＋

飲料）

手信│ 波爾圖Nastra服飾店€129.22、萊羅兄弟書店€13.4（書一

本，門票折4）、書店隔壁禮品行Fernandes, Matos & Cª

Lda€10.8、Oh Portus咖啡廳販售軟木夾腳拖兩雙€30（一雙

15）、明信片€0.5、遊客服務中心紀念品€19（筆記本9＋花

磚磁鐵5×2）、藍色蛋糕衣€39.8

BO - Almada 340（波-阿爾馬達340公寓）

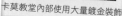
卡莫教堂內部使用大量鍍金裝飾

登山纜車

Day 22

布拉加快閃一日
Porto➡Braga古城區景點➡Porto

山上仁慈耶穌朝聖所

摘要 波爾圖→布拉加古城區景點→波爾圖

① 波爾圖聖本篤火車站（購票處位於正門右側）→布拉加火車站→車站門口乘公車2號線→（最後一站）**山上仁慈耶穌朝聖所（Santuário do Bom Jesus do Monte）**：最大看點「神聖之路」是通往教堂的層層巴洛克式迴旋階梯，每層雕刻精緻，並且設置象徵視覺、聽覺、嗅覺、味覺、觸覺的五感噴泉（水分別自眼、耳、鼻、口與手持壺中流出）。除循樓梯拾級而上，亦可搭乘當今世上僅存的水平衡纜車——**仁慈耶穌纜車**（運行時間每日08:00～20:00），搭纜車上、步行下。

② 公車2號線→布拉加市區。

③ **巴西人咖啡館（Café A Brasileira）**：時間08:00～00:00，1907年開幕，與里斯本同名老店師出同門，供應巴西優質咖啡、葡式蛋塔、溼答答三明治等葡國甜點與輕食。

④ **聖十字教堂（Igreja de Santa Cruz）**：時間09:30～19:00，立面

浮雕隱藏3隻公雞，堂內富麗堂皇但不能攝影。

⑤ **復古廚房（Retro Kitchen）**：時間12:00～14:30、20:00～22:30（周日、周二休），廣受在地熟客好評的家庭式餐館，午間提供兩款健康套餐選擇，含水、麵包、湯、主餐與咖啡收費僅€6左右。

⑥ **布拉加主教座堂（Sé de Braga）**：時間09:30～12:30、14:30～17:30，11世紀動工期間曾數度遭破壞與重修，建築融合羅馬、哥德、曼努埃爾及巴洛克式多重風格，現為當地信仰中心。館內包括博物館、禮拜堂、大教堂等部分，裝潢華美、收藏豐富，唯一律禁止攝影。

⑦ **聖塔芭芭拉花園（Jardim de Santa Bárbara）**：1955年始對外開放，為一座花木扶疏、整齊規劃的精緻庭院。

⑧ 步行至布拉加火車站→波爾圖聖本篤火車站。

 一日往返古城布拉加，巧遇古羅馬主題趴，店員不分男女皆著羅馬式服裝，旁邊還燒炭火，熱到無話可說的台灣人只有佩服。

布拉加紀念品是目前所見最低價，旅伴扼腕聲連連，尤以扛了十幾日的砧板配刀差價最大，不過買物就是緣分，有緣買就無怨。

#天氣預報說萬里無雲 #結果一出門就毛毛雨 #所幸一到景點又放晴

#然後又是晒到痛的豔陽伺候 #山上仁慈耶穌朝聖所震慄人心 #午餐

布拉加市區教堂鐘樓

聖塔芭芭拉花園

巧遇羅馬趴

清爽至極（凱薩沙拉or烤魚飯二擇一） #晚餐又是自煮 #不知不覺已出遊超過20日 #我已變黑紅粟

消費

交通｜ 波爾圖⇔布拉加CP來回€13.6（一人6.8）、布拉加公車2號線火車站（Rotunda Estação I）⇔山上仁慈耶穌朝聖所（Bom Jesus）€6.6（一人1.65×2）、仁慈耶穌纜車單程€2.4（一人1.2）

雜支｜ 〔午餐〕復古廚房€14.5（商業午餐一人6含水、麵包、主餐、咖啡＋檸檬派2.5、心靈咖啡館€5.3（冰淇淋兩球＋冰咖啡）、Minipreço超級市場€4.75

手信｜ 布拉加極致便宜雜貨店Casa S.ta Maria de Braga（主教座堂對面）€58（公雞叉組、隔熱手套、檯布等）、中古世紀摩洛哥攤皮包兩個€60（25＋35）

住宿

BO - Almada 340（波-阿爾馬達340公寓）

Day 23

May. 26 把漏的補回來
換旅館＋波爾圖舊城區及其周邊

1107

摘要 換旅館＋波爾圖舊城區及其周邊

行程

① 步行至**安圖內斯餐館（Antunes）**：時間12:00～15:00、
19:00～22:00，廣受當地人好評的傳統葡國菜餐廳，招牌菜為柴
燒豬腳、豬下水（僅周三、六供應），平假日皆排長龍，建議
一開門就光顧。

② **山羊腳夫人餐館（Dama Pé de Cabra）**：時間周二至周四
09:30～14:30；周五至周六09:30～14:30、19:00～23:00（周日
休），家庭經營的簡餐小店，餐點用料講究美味，老闆、闆娘懷
抱熱忱，唯客人稍多就有手忙腳亂感，也是一趣！

③ **證券交易宮（Palácio da Bolsa）**：時間4月至10月09:00～18:30；
11月至隔年3月09:00～12:30、14:00～17:30，於購票時預約導覽
團（一律需參加，全程約30分），英文團最易滿（至少需提早2
小時），但其實其他語言（葡、法、西）亦可，聽不懂用看的
也好。交易宮於19世紀中動工，內部裝潢極盡富麗堂皇、精緻豪
奢，其中以摩爾式風格的**阿拉伯房間（Salão Árabe）**最負盛名。

④ 步行返回旅社途中續逛波爾圖市區。

今日主題是克漏字填充

#第兩度造訪安圖內斯食到大分量炭烤豬腳 #皮Q彈肉鮮嫩的難得葡

國佳作 #可惜今日不供應波爾圖豬下水 #第二度造訪山羊腳夫人餐

廳 #老闆愛聊天又經常嗡恰恰 #其他人也是一下子矓查查一下子手

忙腳亂 #一間令人一直憋住笑意的妙店 #礙於時間關係只得參與證

券交易宮西班牙語導覽團 #全程只聽得懂水與謝謝（感謝僑居委內

瑞拉的舅舅一家） #中間經歷相機秀逗與康復 #於是吃中菜大肆慶

祝 #一間乍看黑漆漆的名老店 #侍者是葡人 #電視播CCTV4 #糖醋肉

酸氣逼人 #美味的中華料理

門票｜證券交易宮€17（一人8.5）

雜支｜〔午餐〕安圖內斯餐館€21（帳單20.2，豬腳＋麵包＋可

　　　　樂）、飲料€1.1（礦泉水0.3＋可樂0.8）、〔下午茶〕山羊

　　　　腳夫人餐廳€4.4（拿鐵×2＋蛋糕）、〔晚餐〕金龍酒家€42

　　　　（帳單40.2，古老肉＋蘑菇牛肉＋春捲＋海鮮炒飯）、飲料

　　　　€1.8（礦泉水＋可樂）

住宿

Seculo Hotel（斯庫洛酒店）

推薦 ★ ★ ★ ☆ ☆

入住：1日（05.26～05.27）€85（含早餐、有電梯）

評價：地處波爾圖城北高處，往返旅社需走一段長坡，距市中心稍遠，與週末跳蚤市場、坎帕尼亞火車站（Porto-Campanhã）距離較近。房間冷氣效能欠佳偏悶（可能是個別問題），早餐簡單可口，電梯狹小但堪用，攜帶大件行李者，可請旅社電召計程車（需多收€0.8服務費）。

證券交易宮

阿拉伯房間金碧輝煌

有電梯的斯庫洛酒店

Day
24

跳蚤市場雙城記

Porto之周末跳蚤市場 → Coimbra

摘要　換旅館＋波爾圖舊城區及其周邊

① 乘計程車至**波爾圖周末跳蚤市集（Feira da Vandoma）**：時間周六08:00～13:00，封鎖一條道路的時間性臨時市集，地處東郊的稍偏僻位置、靠近坎帕尼亞火車站。商品款式類似台北重新橋下，花樣千奇百怪，屬於真正的二手市場。

② 波爾圖坎帕尼亞火車站→科英布拉B火車站→科英布拉火車站。

③ 科英布拉舊城區漫遊。

④ **彩虹糕點（Pastry Arco Iris Ld）**：時間07:15～20:30，自助式甜點與簡餐店，需先向店員索取磁片，購買時過卡紀錄，買好餐點後再持卡至收銀檯結帳。甜點美味、CP值高，歇腿小憩好去處。

⑤ **筆記廚房（Notes Bar & Kitchen）**：時間12:00～15:00、18:30～23:00（周六晚間延至19:00；周日、周一休），高質量葡式小酒館，餐點講究、價位中等，易客滿。

先波爾圖再科英布拉的賊仔市漂流

#狗仔相機經歷掛掉康復，之後又真的掛掉了（嗚嗚嗚嗚） #好險有

旅伴的小白頂住 #波爾圖周六賊仔市熱鬧非凡 #由波爾圖往科英布

拉的火車滿到炸開（許多人目的地是里斯本） #雙腿夾大行李 #當

地rock阿嬤自信稱我們坐到她的位子，實際

是她上錯車廂（是否第一時間都會覺得是老

外搞不清楚狀況） #科英布拉活脫脫是個大

學城 #當地竟然也有賊仔市 #路邊就有男子

唱Fado #晚餐是乾式牛排＋魚特餐

維多利亞酒店房間窗外即古城

 交通｜計程車€5.5（3.9起跳，旅館→波爾圖周末跳蚤市集）、計程

車10（旅館→坎帕尼亞火車站）、波爾圖⇔科英布拉CP來回

€37（一人18.5）

手信｜〔午餐〕坎帕尼亞火車站內咖啡廳€10.25（熱壓三明治＋三

明治＋飲料）、火車站廁所€1（一人0.5）、〔下午茶〕彩

虹糕點€4.05（多種甜點＋冰淇淋）、〔晚餐〕筆記廚房€64

（帳單62.5，熟成牛排＋馬介休排餐＋Sangria）、飲料€3.75

（小瓶水＋大鳳梨汽水）

住宿 **Hotel Vitoria（維多利亞酒店）** 推薦 ★ ★ ★ ★ ☆

入住：2日（05.27〜05.29）€130（含早餐、有電梯）

評論：位於火車站旁、舊城區內，步行至景點非常便利。電梯勉強堪2人含行李搭乘，房間寬敞、視野佳，惜無快煮爐。早餐雖只有簡單幾樣供取用，但食材新鮮無地雷、麵包格外令人驚豔。

科英布拉B火車站

科英布拉舊城區周末市集

街邊即有科英布拉法朵表演

波爾圖周末跳蚤市集

Day 25

May.28 科英布拉巧遇畢典＋男法朵現場演出

科英布拉：科英布拉大學、舊城區漫遊、法朵Live Show

摘要 科英布拉：科英布拉大學、舊城區漫遊、法朵Live Show

① **馬沙杜德卡斯特羅國家博物館（Museu Nacional de Machado de Castro）**：時間周三至周日10:00～18:00；周二14:00～18:00（周一休），館藏以宗教藝術為主，收藏羅馬時期以來修道院、教堂的珍貴聖物千餘件，其中以天主教相關的雕刻、畫作最為出色，需依循工作人員導覽才能完整參觀各展廳。

② **新主教座堂（Sé Nova）**：時間周二至周六09:00～18:30；周日10:00～12:30（周一休），鄰近科英布拉大學，屬巴洛克兼矯飾主義風格建築。教堂不僅是當地信仰中心，亦是柯英布拉大學畢業典禮的舉辦場所（通常是每年五月最後一個周日）。

③ **科英布拉大學（Universidade de Coimbra）**：時間3月15日至10月31日09:00～19:00；11月至3月14日10:00～19:00，創立於1290年，為葡萄牙最古老大學，最初設有法學院、教會法學院、醫學院及藝術學院等四個教育單位。目前推出五種參觀方案，觀光客最常選擇包含學校皇宮、喬安娜圖書館、聖米歇爾教堂的方案三。

④ **喬安娜圖書館（Biblioteca Joanina）**：落成於18世紀上半的巴洛克式建築，被譽為全球最華麗圖書館，目前藏書超過30萬冊，

館內終年定溫定溼，晚間還會讓蝙蝠入內覓食以除去蠹蟲。圖書館採

取嚴格人流控制，購買門票時會一併排定入場時間，一般在購票的兩

小時後，請提早15分至門口排隊驗票。

⑤ **大學烘焙屋（Padaria Pastelaria Universidade）：**
時間06:00～22:00，由迪尼什廣場（Praça Dom

Dinis）旁的樓梯走下即達，提供各式糕餅甜點

與葡國風簡餐，常見學生來此解決一餐或聚會討論。

⑥ **舊主教座堂（Sé Velha）：** 時間周一至周六10:00～18:00；周日

12:00～18:00，12～13世紀由第一任葡萄牙國王阿方索一世出資興

建，建築本體屬羅馬式、內部則為哥德式風格。18世紀後半，功能由

相對寬敞的新主教座堂取代，現為教區行政總部。

⑦ **法朵中心（Fado ao Centro）：** 時間10:00～23:00，
完整介紹科英布拉法朵的歷程，晚間固定有兩場Live

Show，可透過官網（www.fadoaocentro.com/pt）預定，

每人€10，現場表演約50分鐘，結束後贈送一杯波特酒。科英布拉法

朵是由男性演唱，歌者與葡萄牙吉他手、古典吉他手等兩位樂手通常

是大學的在學生或畢業生，身穿長褲黑袍，風格清新明朗（類似民

歌），與里斯本由女性演唱的滄桑濃郁感大異其趣。

巧遇葡國最古老科英布拉大學畢業典禮，家長樂樂樂、孩子忙茫盲。

#畢業生各個披著羊毛長黑披肩 #帥氣一甩甩到旅伴（她表示就如搭

捷運被旁人甩長髮時擊打感） #畢業典禮熱鬧非凡 #塞車以外還有遊

覽車 #許多人的畢業回憶都有兩個亞洲女人的影子 #拍了好多別人的

畢業紀念照 #今日天色詭異 #科英布拉大學最美圖書館名不虛傳

傍晚聽男法朵，美聲小哥（一愛摸鬍子、一微感冒）輪流登場，葡

萄牙吉他手美技引來哄堂掌聲，但他的指甲似乎很累（頻頻趁空檔

弄甲）。

#現場僅咱倆亞洲人 #科英布拉是由男學生演唱法朵 #有美聲民歌感

#不似里斯本女法朵滄桑 #晚餐再度自製 #無廚房下的無油煙料理

 門票｜法朵中心€20（一人10）、馬沙杜德卡斯特羅國家博物館€12

（一人6）、科英布拉大學€20（一人10）、舊主教座堂€5

（一人2.5）

雜支｜冰淇淋€3.7、〔午餐〕大學烘焙屋€11.6（海鮮飯4.5＋烤馬

介休配馬鈴薯4.5＋可樂1.3×2）、Quebra o Galho咖啡廳€3.7

（布丁2＋水1＋咖啡0.7）、超市€6.53（烤半雞1.39＋Piri-Piri

辣油0.18＋沙拉0.69＋Salami 1.99＋沙丁魚罐頭0.59＋酸菜罐

頭0.69＋火腿片1）、檸檬酒冰飲€1

手信｜ 國家博物館磁磚€30.4（大18、小6.2×2）、舊主教座堂紀念

冊套裝組€10（含科英布拉大學、喬安娜圖書館等介紹）、法

朵中心雙CD€15

 Hotel Vitoria（維多利亞酒店）

喬安娜圖書館需排（隊）不許拍（照）

新主教座堂畢典Live Show

大學烘焙屋

法朵中心表演精彩

Day
26

杜羅河畔享人生
Coimbra：市區＋聖克拉拉修道院遺址 ➡ Porto

摘要 科英布拉：市區＋聖克拉拉修道院遺址→波爾圖

行程

① 乘計程車至**雅典咖啡（Café Atenas）**：時間08:00～02:00，位居科英布拉市郊，開業超過半世紀，製作的溼答答三明治Francesinha（午餐時間開始供應）被譽為世界最棒！

② 沿道路R. Lourenço de Almeida Azevedo，途經公園Santa Cruz Park，續行道路Av. Sá da Bandeira，返回舊城區。

③ 過橋至蒙德古河西岸的**聖克拉拉修道院遺址（Convento de Santa Clara-a-Nova）**：初建於14世紀，300年後毀於洪災，近年挖掘修復並對遊客開放。

④ 科英布拉火車站→科英布拉B火車站→波爾圖坎帕尼亞火車站。

⑤ 乘計程車至旅館。

⑥ 杜羅河畔、里貝拉廣場小遊。

⑦ **轉角餐館（Barrete Encarnado）**：時間12:00～14:30、19:00～23:00，鄰近里貝拉廣場的家庭式小餐館，餐點均有照片、一指即通，可在此以實惠價格品嘗道地波爾圖豬下水等傳統料理。

科英布拉市區一景

 波爾圖古蹟級飯店窗外驚見五星級河景，醒來看見波特酒莊＋水道橋＋對岸纜車＋復古遊船。

#飯店黑衣服務員行徑令人不解 #完全沒有要幫客人拿行李的意思 #自己的行李自己背、省下小費自己花 #可惜我這不嗜酒的人卻去玩青島（啤酒）遊波爾圖（波特酒） #或許更喜歡有廚房多過河景 #我實際嘛 #人生有兩日住在杜羅河畔夕陽無限好，天天有黃昏。

第一次世界大戰紀念碑

#肚裡裝著波爾圖豬下水 #眼裡看著杜羅河黃昏 #滿天海鳥悠哉飛 #腦中自動播放此行A面第一首「等無人」副歌：海鳥笑我空等…… #這種日子不用多一兩日就好 #涼爽黃昏堪稱一美事 #一直拍一直拍 #在此之前又買了些紀念品

 交通｜計程車€6（旅館→雅典咖啡）、科英布拉火車站廁所€0.5、計程車€12（車資7.95＋排班＆行李2.4，坎帕尼亞火車站→旅館）

雜支｜飲料€1.1（礦泉水＋可樂）、飲料€4.75（大礦泉水＋大檸檬汁＋接骨木啤酒×2）、〔午餐〕Essência Lusa餐館€20（糖醋

蒙德古河

聖克拉拉修道院遺址

入住復古酒店，享杜羅河岸第一排

風炸馬介休＋溼答答三明治＋拿鐵×2）、〔晚餐〕轉角餐廳
€16.5（波爾圖豬下水4＋烤章魚7.5＋可樂×2＋奶油麵包）

手信｜波爾圖文創手作鋪€60（返台後實體店已結業，項鍊、胸
針、數字磁磚等）、印度人紀念品店€21（葡國磁磚中型、小
型、小湯匙等）

 住宿　Pestana Vintage Porto　　　　推薦 ★ ★ ★ ☆

（世界遺產佩斯納塔復古酒店）

入住：2日（05.29～05.31）€523.6（含早餐、有電梯）

評價：本身即屬於世界文化遺產的一部分，里貝拉廣場旁、杜羅河
第一排，房間內即可眺望兩岸風光及路易斯一世大橋。房間屬一
般中高價設計、差強人意，早餐菜色雖不多，但用料高級、服務貼
心，有五星級飯店水準。

Day 27

May.30 波特酒莊來去喝一日

路易斯一世大橋、蓋亞鎮纜車、蓋亞鎮（酒莊）

摘要　路易斯一世大橋、蓋亞鎮纜車、蓋亞鎮（酒莊）

行徑

① 自**里貝拉廣場**沿杜羅河至**路易斯一世大橋**，步行下層過橋至蓋亞鎮，再至蓋亞鎮纜車乘車處。

② **蓋亞鎮纜車（Teleférico de Vila Nova de Gaia）**：時間10:00～20:00（冬季提早至18:00關閉），單趟車程約5分鐘，連結蓋亞鎮高處（路易斯一世大橋蓋亞鎮端）與低處（酒莊聚集區），隨車票附贈酒莊免費試飲券。

③ **聖尤菲米婭（Quinta Santa Eufémia）**：時間10:00～19:00，纜車贈送的試飲券兌換處，可無壓力地輕鬆品嘗一杯價值€3的5ccRose或Ruby。

④ **桑德曼（Sandeman）**：時間10:00～12:30、14:00～18:00，創立於1790年、以穿著黑斗篷的Don馳名的知名酒莊，Don

路易斯一世大橋

也是世界上最早的品牌商標之一。

⑤ **卡勒姆（Cálem）**：時間10:00～19:00（冬季提早至18:00），提供收費制導覽團，了解波特酒歷史與釀造過程之餘，亦可試飲二款酒品。

⑥ 蓋亞鎮的杜羅河畔不僅設置旅客服務中心，也有整排文創攤位，即使非假日造訪依舊人潮洶湧。

⑦ 乘纜車返路易斯一世大橋，至**皮拉爾山修道院（Mosteiro da Serra do Pilar）**：時間10:00～18:30（冬天提早至17:30），眺望杜羅河兩岸最佳位置之一，建築屬矯飾主義風格，現已納入波爾圖歷史城區範圍。

⑧ 返路易斯一世大橋，步行上層過橋，自Batalha乘登山纜車往下至Ribeira。

 杜羅河畔一日，有吃有喝有纜車以及有很多很多的波特酒。

#參與酒莊導覽團獲酒良多 #纜車來回各拍一張紀念照（痛快買照讓工作人員好快樂） #時間不同笑顏亦不同 #路易斯一世大橋走兩遍

自皮拉爾山修道院眺望波爾圖舊城區

蓋亞鎮纜車──連結大橋與酒莊

聖尤菲米婭免費試飲

杜羅河畔

#一次下面一次上面 #風景美哉、旅人多哉、遊船滿哉 #處處賣小物

#英文導覽團必客滿、葡文導覽團必零星

消費

交通｜蓋亞鎮纜車來回票€18（一人9）、登山纜車Batalha→
Ribeira€5（一人2.5）

門票｜卡勒姆酒莊導覽€20（一人10）、皮拉爾山修道院€4（一人2）

雜支｜桑德曼餐館€13（檸檬白調酒6＋寶石色調酒5.5＋礦泉水
1.5）、〔午餐〕Tempêro D'Maria€30（帳單29，葡式海鮮飯
＋牛排＋咖啡×2）、超市€4.11

手信｜蓋亞鎮乘纜車照€10（來回各一張5）、卡勒姆40年波特酒
€115、1996年波特酒€48、10年波特酒€21、文創陶瓷魚罐頭
€17（大10＋小7）、超市魚罐頭兩個€1.18

住宿

Pestana Vintage Porto（世界遺產佩斯納塔復古酒店）

吉馬良斯‧有點不湊巧

Porto ➡ Guimarães：古城漫遊

摘要 波爾圖→吉馬良斯：古城漫遊

① 乘計程車至坎帕尼亞火車站，將大件行李暫存明日入住、車站旁的波韋拉酒店，再乘火車至吉馬良斯。

② **奧利維拉廣場（Praça da Oliveira）**：位居吉馬良斯歷史城區中心，附近聚集各式餐館、商家與紀念品店等，東側哥德式神殿建於14世紀，為紀念葡萄牙國王阿方索四世擊敗摩爾人的薩拉多戰役。

③ **BUXA**：時間12:00～15:00、19:00～22:00，位於奧利維拉廣場旁，在地人推薦的葡餐小館。

④ **奧利維拉聖母教堂（Igreja de Nossa Senhora da Oliveira）**：時間08:30～12:00、15:30～19:30（周日縮短），始建於10世紀中，為葡國北部最具代表性的哥德式花崗岩教堂，建築風格經多次修繕再融入曼努埃爾、巴洛克等藝術手法。

⑤ **阿爾貝托‧薩姆巴伊奧博物館（Museu de Alberto Sampaio）**：時間09:00～18:00（周一休），鄰近聖母教堂，1928年開幕，以

奧利維拉廣場

收藏及展示12～19世紀的珍稀宗教文物為主。

6 **孔索拉桑和聖帕索斯聖母教堂（Igreja de Nossa Senhora da Consolação e Santos Passos）**：時間07:30～12:00、15:00～17:00（周日僅上午），吉馬良斯最具代表性的巴洛克式教堂，前方有整齊開闊的長型花園和噴泉，十分華麗雄偉。

孔索拉桑和聖帕索斯聖母教堂

7 搭乘**吉馬良斯纜車（Teleférico de Guimarães）**往返主教山：纜車營運時間10:00～19：00（各月不同，可現場詢問售票員，以免錯過最後班次），連結市區與城區東南側、海拔617公尺的主教山（Monte da Penha），山上最知名建物為花崗岩材質的主教山禮拜堂（1947年落成）。

8 **布拉干薩公爵宮（Paço dos Duques de Bragança）**：時間10:00～18:00，由葡萄牙王國時期權力僅次王室的布拉干薩家族所有，建築風格受羅馬式影響，屬於「回」形格局，屋頂有39座非常醒目的煙囪。

9 **聖米格爾城堡教堂（Igreja de São Miguel do Castelo）**：時間10:00～18:00，教堂規模很小，傳聞開國君主阿方索一世就是在這裡受洗，之後必須有功於國家的貴族才能安葬於此。

吉馬良斯纜車

10 爬到吉馬良斯城堡，近關門時間，被警衛嚴屬
拒於門外，只能望門興嘆。

11 **克拉里糕點店（Pastelaria Clarinha）**：時間
08:00～22:00（周一休），創業一甲子的古早
味葡式糕餅店，堅持使用天然原料循傳統方式
製作，價格實在、CP值高。

葡文：葡萄牙在此誕生

12 一面寫有葡文「葡萄牙在此誕生」（Aqui
Nasceu Portugal）的城牆。

吉馬良斯古城美的恰到好處，路上清爽無菸蒂，花木扶疏樓房雅，樣
樣好，就是咱有點兒不巧。

#不巧一：爬到城堡、距離6點關門尚有20分，但已不准進 #不巧二：
找到人氣漢堡店，距離7:30開門還有25分，當然吃不到 #感想一：這
兒晚餐真是夠晚 #感想二：在葡萄牙，時間恰好最重要 #大推吉馬良
斯 #媽媽，我又搭纜車了（車廂空間超迷你）

交通 | 計程車€12（跳表8.75，旅館→坎帕尼亞火車站）、計程車€5
（跳表4.2，吉馬良斯火車站→旅館）、波爾圖⇔吉馬良斯CP

來回€22（一人11）、吉馬良斯纜車來回€10（一人5）

門票｜ 吉馬良斯景區套票€16（一人8，含布拉干薩公爵宮＋阿爾貝托．薩姆巴伊奧博物館＋吉馬良斯城堡）

雜支｜ 坎帕尼亞火車站投幣芬達€1.1、〔午餐〕BUXA€34（帳單33，溼答答三明治10＋牛排13＋柳橙汁5×2）、小礦泉水€0.8、〔下午茶〕克拉里糕點店€5.65（葡式蛋塔＋杯子蛋糕＋純巧克力蛋糕＋冰淇淋＋咖啡×2）

手信｜ 銀幣€2、小湯匙€2.95

住宿

Casa do Juncal（卡薩郡卡爾旅館）　推薦 ★ ★ ★ ★ ★

入住：1日（05.31～06.01）€105（含早餐、無電梯）

評價：位於古城區內，步行可達各個景點，房間屬挑高夾層設計（一樓客廳與浴室、二樓臥房），室內寬敞具設計感，可由陽台眺望戶外景致。早餐豐盛用心、食材新鮮，使用葡萄牙知名品牌Cutipol餐具。

卡薩郡卡爾旅館好棒棒

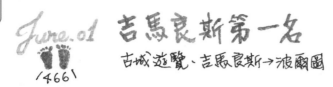

June.01 吉馬良斯第一名
古城遊覽、吉馬良斯→波爾圖

/466/

摘要 古城遊覽、吉馬良斯→波爾圖

行程

① **吉馬良斯城堡（Castelo de Guimarães）：**
時間10:00～18:00，葡萄牙王國建立初期的
王室居所，15世紀損於砲火後失去防禦功能，20世紀初列為歷史
古蹟。現僅存七座防禦及一座大型塔樓，園區範圍小。

② **安東尼奧餐館（A Cozinha por Antonio Loureiro）：** 時間
12:30～15:30、19:30～23:00（周一僅晚餐、周日休），由曾獲葡
萄牙年度最佳廚師的同名主廚掌理，將新型態料理手法與傳統葡
式菜融合的創意餐點，無米其林價位卻有米其林級享受。

③ **聖彼得教堂（Basílica de São Pedro）：** 時間08:00～12:00、14:00～
17:30（周三、周六、周日僅上午），完工於18世紀中的新古典主
義風格教堂，是少數被教廷賦予崇高地位的「宗座聖殿」。

④ **聖方濟各堂（Igreja de São Francisco）：** 時間09:30～12:00、
15:00～17:00（周一休、周日僅上午），始建於1400年，初為哥
德式，後因工程延續百年而陸續融入多種風格，以精美細膩的祭
壇與天花裝飾著名。

⑤ 由古城區步行至吉馬良斯火車站→波爾圖坎帕尼亞火車站。

吉馬良斯城堡

吉馬良斯城區

聖方濟各堂

日記

豐盛的早餐＋爬城堡 創意的午餐＋嘆教堂 奔波的暗時＋飽飽肚

#被反鎖在屋內嚇人（所幸民宿老闆快速救援） #早餐分量多到嚇人

（連新鮮柳橙汁都喝不完） #午餐羊排嫩到驚人（米其林主廚果然有

一手） #晚餐強推四豬扒包（酷闆娘把我們當大胃王） #已數不清爬

了多少城堡 #已說不準看了多少教堂 #旅人的

幸福奔波 #我又累又飽 #再推一次吉馬良斯

波韋拉酒店以地點取勝

消費 雜支｜〔午餐〕安東尼奧餐館€68（帳單

66.8，嫩煎馬介休套餐＋羊排套餐＋

咖啡×2＋甜點×2）、礦泉水＋可樂€2.2，〔晚餐〕O Astro

Cervejaria Petisqueira€10（帳單9.7，豬扒包×2＋滷雞胗附包

＋炸肉豬扒包＋接骨木啤酒）、超市檸檬汽水€0.34

住宿

Hotel Poveira（波韋拉酒店） 推薦 ★ ★ ★ ☆ ☆

入住：1日（06.01～06.02）€45（無早餐、無電梯）

評價：位於坎帕尼亞火車站正對面，可免費寄放行李，轉乘打尖首

選。旅館由家族經營，建築屬傳統葡式建築、雅致古典，惜內部設

施陳舊、不能細究。

舟車勞頓之重返
西班牙

Porto ➡ Vigo ➡
Santiago de Compostela

 摘要　波爾圖→維戈→聖地亞哥‧德孔波斯特拉

 行程

1. 波爾圖坎帕尼亞火車站→西班牙維戈（VIGO GUIX.），車程3h20m，跨越西葡國界，中間無海關查驗。

2. 維戈（VIGO GUIX.）→維戈（VIGO URZAI）：兩者屬新舊站概念，相距2公里，URZAI為近年興建，中間荒涼，轉乘者建議搭計程車。

3. 維戈（VIGO URZAI）→聖地亞哥‧德孔波斯特拉，AVE車程50分。

4. 由聖地亞哥火車站乘計程車至古城區。

 日記

昨晚的葡萄牙波爾圖豬扒包+今午的西班牙維戈漢堡包，現在是躺在聖城旅館內的懶人包。

#維戈車站掃地小哥帥氣俐落（在台灣肯定是棒棒堂的料）　#勞動活兒是該交給年輕力壯的少年仔或妹仔　#已這樣奔了30日　#記憶如牛毛　#剪不斷理也亂　#一堆餐廳的菜色混在一起　#總之一切都已下肚肚

維戈新站VIGO URZAI候車咖啡廳

聖地亞哥・德孔波斯特拉城區

主教座堂前廣場

交通｜ 波爾圖→維戈CP單程€29.5（一人14.75）、計程車€7（維戈舊站→新站）、維戈→聖地亞哥・德孔波斯特拉AVE單程€22.2（一人11.1）、計程車€6（聖地亞哥火車站→古城區旅館）

雜支｜ 〔午餐〕維戈新站餐廳€17.9（漢堡套餐8.95×2）、聖地亞哥FROIZ超市€3.19（大瓶礦泉水0.2＋大可樂1＋大果汁1.99）、〔下午茶〕Café Casino咖啡店€13（思慕昔5＋咖啡3.5＋拿鐵4.5）

Pensión Rua Nova　　　　　　　　　推薦 ★ ★ ★ ★ ☆

入住：3日（06.02～06.05）€250（無早餐、無電梯）

評價：與主教座堂僅數步之遙，地處古城中心位置，屬公寓式旅館，需至100公尺外的櫃檯辦理入住手續，屋內空間偏小、潮溼（氣候使然）。

Pensión Rua Nova旅館位置佳

June.03 悠哉逛古城＋了笑遊樂園

周末市集、古城漫遊、巧遇周末遊樂園

5645

摘要 周末市集、古城漫遊、巧遇周末遊樂園

① **聖地亞哥‧德孔波斯特拉主教座堂（Catedral de Santiago de Compostela）**：時間08:00～20:00，13世紀初完工，為加利西亞自治區首府聖地亞哥‧德孔波斯特拉總教區的主教座堂，相傳耶穌十二門徒之一聖雅各安葬於此，建築風格包括羅馬式、哥德式與巴洛克式。教堂為朝聖之路的終點，許多完成壯舉的朝聖者會在其西立面的奧巴拉多羅廣場休憩。

② **幸運草餐廳（El Trébol）**：時間12:30～16:00、19:00～23:30，以西班牙風味的海鮮料理廣受好評，其中應有盡有的燒烤海鮮大拼盤更是必點招牌。

③ **阿拉米達公園（Alameda Park）**：城市居民的娛樂休閒區，最初為16世紀中阿爾塔米拉伯爵捐贈的場地，現有許多歷史遺跡、藝術造景與種類豐富的樹木與植物群。周末，公園部分區域變身兒童遊樂園，有旋轉木馬、摩天輪等遊樂設施及小吃攤等，純樸有趣。

④ **公園內的奇裝異服老太太塑像**：據傳是一對因家人死於戰火而精神失常的姐妹，擅長縫紉的兩人經常穿著自製服裝在公園內和路

過的學生隨意亂聊，成為人人皆知的「傳說」。姐妹陸續過世，居民

反而懷念起那段時光，便決定為她們設置塑像。不僅如此，聖城內也

偶爾可見以兩人為主題的壁畫。

⑤ 傍晚巧遇現場演奏會兼小型園遊會。

跟著黃色箭頭走

 竟有睡午覺的奢侈一日！

#天氣涼爽得穿羽絨衣 #確是朝聖好時節

#午餐海鮮盤大碗滿意 #主教座堂可排隊給黃金祭壇愛的抱抱（非常

珍貴的經驗） #入主教座堂正值彌撒 #語言不通但流程與兒時在教堂

的記憶完全吻合 #公園內兩位老太太塑像有段古（善良社區怪咖與大

學生的溫馨故事） #傍晚巧遇當地臨時兒童樂園 #摩天輪速度快如風

火輪 #路邊攤裹巧克力的炸油條竟然滿好吃（油條本身口感Q彈、巧

克力甜味恰到好處） #晚間教堂前有古典樂團現場表演（時間雖晚、

太陽仍大） #雜貨店內的菜多蔫與果多黑，不新鮮程度驚呆人 #晚餐

是有廣達香肉醬風味的粉多多肉丸子罐頭與一些雜七雜八

 交通｜〔早餐〕Casa Barbantes餐館€12（全套早餐5.5＋生火腿棍

子堡4＋炸油條）、市集擺攤巧克力油條×2€1、〔午餐〕

製作西班牙油條中

朝聖者眾

遊樂園內的爸爸百態

偶遇專業樂團的免費露天表演

幸運草餐廳€65（帳單62.8，海鮮大拼盤34＋加利西亞煮章魚11.5＋海瓜子5＋可樂2.7×2＋咖啡1.4×2＋啤酒2.5＋麵包0.8×2）、冰淇淋€3.3、可樂易開罐€1、超市€10.09（不甚新鮮的生菜＋快要爛番茄＋大型肉丸子罐頭＋生火腿＋酸瓜＋海鮮罐頭×2＋美乃滋馬鈴薯等）、甜點2.95

手信 | 聖地亞哥壓鐵片€1.05

住宿　Pensión Rua Nova

阿拉米達公園的
奇異姊妹花塑像

Day
32

June.04 聖城 文青多·海鮮多·丐多多
聖地亞哥古城漫遊
18723

摘要　聖地亞哥古城漫遊

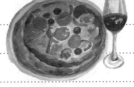

行程

① **巴黎咖啡吧（Café Bar Paris）**：時間
08:00～00:30，頗獲當地人喜愛的咖啡廳，以早餐來說，培根焦
脆、荷包蛋仍保有嫩感，麵包則烤得恰到好處。

② 徹底走一圈**阿拉米達公園**。

③ **巴拉薩爾餐館（Restaurante O'barazal）**：時間12:00～15:30、
19:00～23:00，鄰近主教座堂的實惠家庭小館，供應傳統西班牙
風味料理（其中以海鮮料理最佳），價位可親、CP值高，服務快
速確實。

④ 古城走逛玩樂。

⑤ **Pizzeria L'Incontro義式餐廳**：時間
08:00～01:00（周二休），供應窯烤披
薩、各式義大利麵、沙拉等義式風味料
理，服務流暢、氣氛佳。

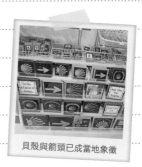

貝殼與箭頭已成當地象徵

日記　持續在聖城吃吃喝喝走走逛逛！

#早餐小小的溝通失誤導致希望的巧克力醬變意外的巧克力飲 #一度

阿拉米達公園

拍張復古照作紀念

主教座堂鐘樓

跟到即將踏上朝聖之旅的夫妻檔 #之後跟丟又巧遇遛狗大隊 #拍了一張黑白復古照（大腿超級粗） #等待沖洗時間與一位走完朝聖路的老太太閒聊 #中餐溝通異常順暢且完全無錯 #蝦蝦依舊鮮甜 #晚間開放血拼 #買了鼻環小妹妹手繪原作1張+複製明信片2張 #其餘不及備載 #聖城處處是貝殼 #晚餐走義大利風（麵香不鹹、披薩薄而脆） #三個梨阿使人醉

 消費

雜支｜〔早餐〕巴黎咖啡吧€10.2（單人套餐＋油條巧克力）、〔午餐〕巴拉薩爾餐館€41（海鮮飯＋烤青椒＋烤蝦＋烤小卷＋咖啡×2）、〔晚餐〕Pizzeria L'Incontro義式餐廳€35（帳單33.45，義大利麵9＋披薩9＋Sangria11）

手信｜手沖復古相片€10、項鍊等紀念品一批€31.5、魚罐頭造型巧克力×2€4、個性妹仔手繪圖€25（原畫20＋明信片2.5×2）、造型湯匙等紀念品€7.5（湯匙2.5×2＋小立牌2.5）

 住宿

Pensión Rua Nova

聖地亞哥→馬德里→托雷多：古城漫遊

① 由旅館（前一日請櫃檯代為預約）搭計程車至聖地亞哥火車站→馬德里阿托查火車站，車程5h18m。

② 將大件行李寄放阿托查火車站行李寄物櫃：須過安檢、放超過1日，隔日取件時需再購票刷條碼才可開櫃。

③ 阿托查火車站→托雷多火車站，車程33m。

④ 火車站搭計程車至位於古城區的旅社：城區內道路非常窄且蜿蜒，司機開得飛快、彎得剛好（車內被甩來甩去），神一般的技術！

⑤ **托雷多觀光小火車（Zoco Train）**：至古城中心的**索科多佛廣場（Plaza Zocodover）**搭乘，繞行城內各景點，會於太加斯河畔的瞭望台稍作停靠，可由此俯瞰整座古城，整趟車程約40分。上車後發給耳機，車內提供包括中文的多國語言導覽，如果情況允許，建議選擇靠右（上車位置）的座位，可無遮蔽地拍攝照片。

重返馬德里，熟門熟路熟地方，熟的是車站內的點點滴滴，畢竟總計在這兒耗過十幾小時（緊張人總是提早到的結果）。

熟熟乘車前往生生的托雷多，古都地圖又集一城。數周未見如此多黃皮膚，觀光熱點不是叫假的。

#馬德里最熟阿托查火車站 #一個月的平平安安希望能安全下莊 #乘小火車遊托雷多 #我坐被晒處＋皮膚再黑一層 #托雷多伊斯蘭味濃（與記憶中的喀什幾分相似） #晚餐是評價平平的中菜 #此行光顧中菜館一律停留在1970年 #掛中國風大型木雕裝飾與招財貓（有的還供應偽握壽司）

 交通 | 計程車€10（旅館→火車站）、聖地亞哥·德孔波斯特拉→馬德里AVE單程€36.86（一人18.43）、馬德里→托雷多AVE單程€22.48（一人11.24）、計程車€5（火車站→旅館）、托雷多觀光小火車€11（一人5.5）

雜支 | 火車上礦泉水€2.1、〔午餐〕阿托查車站簡餐€7.1（生火腿潛艇堡＋柳橙汁）、阿托查車站行李寄物櫃中型兩個€7.2（一個一日3.6）、〔下午茶〕托雷多麥當勞€10.8（大麥克套餐）、〔晚餐〕鑽石酒樓€27.5（帳單26.4，糖醋里肌＋

托雷多火車站

乘小火車由外眺望古城

城內巷窄蜿蜒、有布遮陽

拉波薩達德瑪諾洛酒店位處古城中心

魚香肉絲＋青椒肉絲＋海鮮炒麵）、小瓶礦泉水×2€1、可

樂€1.8

 La Posada de Manolo（拉波薩達德瑪諾洛酒店） 推薦 ★ ★ ★ ★ ☆

入住：1日（06.05～06.06）€59.4（無早餐、無電梯）

評價：位於古城古宅內的高評價民宿，屋內亦屬古典風格，步行可

達各個景點。頂樓享用的早餐（一人€4）簡潔美味，可坐在露臺座

位邊喝咖啡邊仰望主教座堂及其周圍風光，用餐環境無與倫比。

Day 34

古城逛完進大城
Toledo：主教座堂、步行至火車站
⟶ Madrid

 摘要　托雷多：主教座堂、步行至火車站→馬德里

 行程

① **托雷多主教座堂（Catedral de Santa María de Toledo）**：時間 10:00～18:00（周日14:00～18:00），始建於13世紀上半，被譽為西班牙哥德式建築傑作，部分形式模仿法國布爾日主教座堂。教堂裝飾繁複、氣氛莊嚴，堂內常見主教帽子垂吊，表示正下方埋有其遺體。

② 古城散步兼購物，經兩座公共手扶梯再步行至火車站，搞清方向後發現其實並不遠。

③ 托雷多火車站→阿托查火車站，車程33m。

④ 自阿托查火車站乘坐計程車需至特定位置排隊等候，現場工作人員安排車輛——以牧童遙指杏花村的方式指定後，與司機點頭確認，再奔往車子方向。

⑤ 計程車→旅館：司機不知確切位置，送至王宮斜對面。

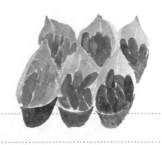

⑥ 市區隨意走晃。

⑦ **聖米格爾市場（Mercado de San Miguel）**：時間10:00～00:00（周四、五、六延長至02:00），馬德里最富歷史的傳統市場，目前以隨買隨吃的熟食攤檔為主，風格類似縮小＋時尚版的巴塞隆納聖喬瑟夫市場。

⑧ **主廣場（Plaza Mayor）**：始建於17世紀初、哈布斯堡王朝時期，現所見為1790年大火後修建，中央為19世紀中放置的菲利浦三世騎馬雕像。主廣場為重要事件、活動的發生場地，舉凡公開處決、足球比賽與鬥牛等都曾在此舉行。

 托雷多古城中的輕早餐。

#萬年款＝麵包＋奶油＋火腿＋起司 #萬年款配千年景 #等會兒又要晒億年太陽走千年道

馬德里真的不思議

#旅館不思議（隱身王宮廣場古建築內） #物價不思議（印象中的巴塞簡直是天堂） #景點不思議（隨意亂走就是景） #晚餐不思議（自切自擺樂無窮） #時間不思議（被9點夕陽所騙，染上9:30吃晚餐惡習） #可惜未見到皇馬慶祝會 #或許未見比較好（我愛靜啊）

賞古城，品早餐

托雷多主教座堂

聖米格爾市場

馬德里主廣場

 消費

交通 | 托雷多→馬德里AVE單程€22.48（一人11.24）、計程車€15（火車站→旅館）

門票 | 托雷多主教座堂€20（一人10）

雜支 | 旅館早餐€8（一人4）、托雷多火車站咖啡廳€9（西班牙烘蛋3.5＋巧克力甜甜圈2.25＋柳橙汁3.25）、礦泉水€0.7、阿托查車站行李寄物櫃中型兩個€7.2（跨日取件）、聖米格爾市場炸物€16、冰淇淋€4.3、超市€22.31（起司＋生火腿＋薩拉米＋棍子＋肉丸義大利麵等）、超市€1.37（啤酒＋檸檬芬達）

手信｜老夫婦藝品店托雷多鑲金工藝品一批€190（項鍊＋墜子＋領帶夾＋胸針＋拆信刀等等）、磁磚掛勾等€63

 住宿 Hostal Central Palace Madrid　　　　推薦 ★ ★ ★ ☆
（馬德里中央皇宮旅館）

入住：3日（06.06～06.09）€255（無早餐、有電梯）

評價：地點極佳，位於市中心、王宮正對面，距離最熱鬧太陽門（Puerta del Sol）僅需步行10餘分。房間非常寬敞且附有用餐吧檯，流理台、冰箱、餐具皆備（但無瓦斯爐或電爐無法做菜），離去前晚還贈送紅酒一瓶。旅館幾乎無可挑剔，唯一難題是「找不到」──其隱身於Café de Oriente咖啡館旁的華麗老宅內，需自行走進高聳鐵門（上面寫有2號）→經管理員室→右轉乘電梯至三樓→推開左手邊的門→抵達辦理入住的櫃檯。

中央皇宮旅館隱身老宅內

Day 35

Jun.07
12455

三次過門不入之終於入馬德里
馬德里市區步行遊

摘要 馬德里市區步行遊

行程

① 沿**Calle del Arenal**步行街至**太陽門廣場**一帶。

② **Chocolatería San Ginés**：時間24小時營業，鄰近太陽門廣場，創業以來有許多騷人墨客、影視明星光顧，為旅客必訪的西班牙油條（churro）百年老店。

③ **普拉多美術館（Museo Nacional del Prado）**：時間10:00～20:00，與巴黎羅浮宮、倫敦大英博物館合稱世界三大美術館，藏品以14～19世紀的歐洲繪畫、雕塑及工藝品為主，其中幾乎囊括西班牙浪漫主義派畫家哥雅的所有精品，米開朗基羅、拉斐爾、波希、提香、魯本斯、波提且利、維拉斯奎茲等大師作品均在列。由於展品非常豐富，眼花撩亂實屬正常，或可租用中文導覽配合欣賞。

④ **英國宮（El Corte Inglés）**及其周圍逛與買。

巧遇王宮衛兵交接

馬德里巧妙一日！

#晚起竟巧遇王宮衛兵交接（一月一次，幸運的緊）

#小朋友穿制服背心蹲著恭候多時 #台灣阿姨們醒來出門就看到 #然

名聲響亮的太陽門廣場

普拉多美術館

英國宮之不買說不過去

後是傳說中偷仔囂張的太陽門廣場 #結果一切還好（是有不少賣假貨的） #只是太陽很烈 #總之小心為上策 #今日走全自費全購物行程 #加插晚間免費開放普拉多美術館（18:00～20:00） #排隊人龍綿延上公里 #所幸美術館占地廣展場多一下子消化 #名畫多如牛毛 #竟然也有蒙娜麗莎！（據傳為達文西學生所畫） #看到眼睛端端 #看完美術館赴英國宮 #番紅花入手（還有紅色摩卡壺及一些其他）

 消費

雜支｜Chocolatería San Ginés€10.4（油條配巧克力醬4＋咖啡×2）、冰淇淋＋冰沙€4.8、QVADRA PANIS麵包店€6.95（油漬番茄5.95＋窯烤麵包1）、香檳€1.39、礦泉水€0.45、路邊狗狗與女人樂捐€1

手信｜墨綠顯瘦外套€59.9、飄飄袖上衣€19.95、MSK包€48.95（單肩紅包26.99＋駝色包21.99）、馬德里復刻舊照兩張€6、S牌涼鞋€54.95、英國宮紅色摩卡壺€23.9（大13.95＋小9.95）、英國宮超市€36.24（番紅花＋醋貝類＋章魚罐頭等）、Lepanto免稅店馬卡龍小錢包一批NTD5,286

 住宿

Hostal Central Palace Madrid（馬德里中央皇宮旅館）

Day
36

June.08

馬德里衝刺中

馬德里吃喝買+打包

18583

塞瓦達市場

摘要 馬德里吃喝買+打包

行程

(1) **塞瓦達市場（Mercado de la Cebada）**：時間09:00～14:00、

17:30～20:30（周六09:00～18:00、周日休），市內以海鮮聞名的

傳統市場，也有各式肉類、蔬菜水果、雜糧

乾果及文創店鋪與咖啡館等，庶民感十足。

(2) **Txirimiri餐館**：時間12:30～00:30，網友激推

的Tapas名店，會因應季節修改菜單，餐點道

道美味無地雷、價格實惠，可無壓力地在此飽餐一頓。

(3) 因王宮不開放參觀而改逛街+逛超市行程。

(4) **阿穆德納聖母主教座堂（Catedral de Santa María la Real de la**

Almudena）：時間09:00～20:30，為天主教馬德里總教區的主教

座堂，外觀屬巴洛克式風格，阿穆德納聖母（意譯為穀倉聖母）

也是馬德里的主保聖人。教堂自1879年開工，一度因西班牙內戰

停建，直至1993年才在教宗若望保祿二世的祝聖下正式啟用。

日記

海鮮飯等道地食物下肚，口味多偏清淡或恰好，無傳說中那般鹹。

#旅途中記憶多導致時時觸類旁通 #看到這裡就覺得和那裡頗像 #午

餐Tapas大而美味（就是麵包偏硬稍可惜） #傍晚小買新衣與書 #王

馬德里市內散步

特色路牌一拍成主顧

王宮旁的阿穆德納聖母主教座堂

宮免費時段竟然暫停開放（於是改逛超市行程）#晚餐墨魚飯終於

下肚 #馬德里餐館供應的可口可樂均是嬰兒瓶 #打包工作開始

消費

門票｜阿穆德納聖母主教座堂捐獻€2（一人1）

雜支｜〔午餐〕Txirimiri餐館€52（帳單50.8，松露蘑菇燉飯＋

小卷蝦仁酪梨＋鮭魚Tapas×2＋牛排Tapas＋嬰兒瓶可樂

×3）、〔晚餐〕Café de Los Austrias餐館€51.33（帳單

51.1，零錢全數用畢，墨魚飯13＋牛排21＋烤小卷15＋可樂

×2）

手信｜有機風乾番茄兩包€7.2、超市€13.85（麵粉＋罐頭＋紙盒

裝白葡萄酒1.5L僅0.59）、衣服五件€49.95、ZARA四件

€101.8、木盒肥皂€11（大6＋小5）、書店€21.9（馬德里手

繪書16.9＋海報5）

住宿

Hostal Central Palace Madrid（馬德里中央皇宮旅館）

Day 37

June.09 大包小包歸鄉路

馬德里→多哈

9829

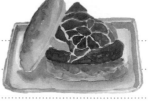

摘要 馬德里→多哈

行程

① 搭計程車由馬德里旅館→機場

② 馬德里→多哈，航程6h40m，轉機時間1h50m

日記

37分之38—機場心境大不同，來時傻乎乎、離時原來如此。

#計程車是行李多者的好朋友 #將行李重量完美用完（兩人60.5kg）

#裝貨寶（與快取寶異曲同工？） #旅伴機場工作中（商務人士！）

#打定主意回家先睡一天 #在此之前得進行沒日沒夜餵食秀

消費

交通｜計程車€35（旅館→機場，跳表30）

雜支｜機場午餐€18.95（漢堡套餐＋柳橙汁）

手信｜馬德里機場免稅店巧克力€38.85

滿載將歸

住宿 機上

馬德里國際機場

漫漫轉機路

Day
38

June.10 **38天平安下莊**
多哈→香港→台北
6/24

摘要 多哈→香港→台北

行程

① 多哈→香港，航程8h15m，轉機時間3h45m

② 香港→台北，航程2h5m：小插曲是，在香港等候轉機時（已在馬德里取得登機證），從電子看板得知班機取消，香港機場櫃檯的答覆是：「目前我這邊查看電腦是沒有取消！」十分鐘後看板依舊顯示班機取消，再問得到「自行去國泰櫃檯洽詢」的指示。步行約15分鐘到櫃檯，對方理所當然回：「這班已經取消，幫妳們轉同時間的另一個架次。」就這麼簡單！害得我剛下肚的鏞記燒鵝一整個不消化！

日記 香港再度過門不入！

#被連續斷交的卡達航空一切如常

#僅由馬德里出發的班機前排空位

超多可躺（推估是本欲飛往阿拉伯

國家的乘客退票導致）#多哈飛香

港依舊大爆滿 #機上有魔王兩名輪

流嚎啕 #長途飛行考驗身心靈 #大

戰利品擺好擺滿

人尚且如此何況嬰孩

葡萄牙+西班牙38日晒戰利品～

#陶瓷類全部平安 #波特酒同樣安好 #終極打包大成功 #不少玩意兒

自買入當下包紮便沒再見過 #感想是：喔，原來買了這些啊！有眼

光，哈哈哈哈

雜支 | 港機鏞記燒鵝套餐HKD198、港機瓶裝絲襪奶茶HKD14

住宿 **溫叼**

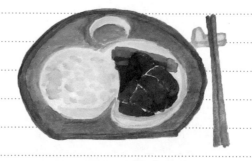

——趴得俗麗 Chapter III
妙聞手記

賊仔這檔事

妙手神偷・名震亞洲

舉凡得知我將赴伊比利半島自助38日的遠親近鄰，無不熱烈分享自身經歷或親眼目睹的歐遊遭扒事件，完全不顧眼前人就要前往他們口中「很恐怖」的地方，各種遇賊經歷無論悲（損失金錢）喜（虛驚一場）都鐵定大損遊興，這廂點頭如搗蒜的我，也「再一次」被嚇得嘴唇發青！

實際上，不只周邊親友言之鑿鑿，網路各種被偷被竊被扒甚至被搶被劫被勒暈的慘況同樣不勝枚舉，這些慘烈故事對旅伴與我而言，就像不斷拍續集的驚悚片，讓人既好奇又恐懼，箭在弦上，我們也只能心甘情願地跳入這美麗的賊窩裡！

賊仔攻略

歸納已被披露的歐洲行竊手法，職人等級的賊仔可謂花招百出，整體有「聲東擊西」、「擠來擠去」、「假○○真扒竊」與「無聲無息」4款，核心不脫趁人之危、趁虛而入的「趁機」原則。就發生場域分析，聲東擊西常見於駢肩雜遝的大街或賣場（尤其是Zara一類讓人挑到失心瘋的大型服飾店），賊仔多採團體行動，幾人製造事端（喧嘩、跌倒等），待獵物閃神觀看時下手；其次是搭乘大眾運輸工具時刻意營造的擠來擠去，從尖峰時間的爆滿車廂到列車啟動前的關門瞬

市場得逛，賊也得防！　　　　型男要看，包也要顧！

間，都是數一數二的危險時刻；而假借問路、推銷甚或幫忙擦拭身上

髒汙（通常撒出髒汙的就是賊仔同夥）等假○○真扒竊更是多如牛

毛，也有人遇上假警察真搜刮的案例，賊仔穿制服、亮證件，人模人

樣＋裝模作樣聲稱臨檢（通常還有幾個假裝路人的圍事），受害者便

乖乖交出護照、信用卡（僅是將信用卡號與背面後3碼記住就可盜刷）

供其查驗，堪稱地表最惡質Cosplay。

其中最最令人聞風喪膽的，莫過扒於無形的魔術神偷，苦主往往是到

下次用錢時，才得「見證被偷的時刻」，而細軟早已在「轉瞬間消滅

了蹤跡」。由於根本不知在何時、何地、被何人竊走，追回更是無

望……只是，坦白說，就算當面逮到正在偷竊的現行犯依舊沒轍，一

來到手細軟早被接應同黨轉移他處（無贓物），二是舉證困難、處罰

極輕，加上無暇亦不能與之糾纏（避免激怒對方，危及自身安全），

最終只能「罷了」收場。

人潮聚集處更需多多小心

里斯本28路電車
堪稱被扒高危險區

臨行密密縫之腰纏萬貫的女人

鑑於前輩諄諄教誨，過慣好日子的台灣人只得傾全力放大絕，使出拿手針線活兒力抗賊人！登機前一日，旅伴著手將預先車好的彈性小暗袋緊緊縫於貼身褲腰，又在褲腿、內衣背心上添加「只有自己知道」的祕密收納區（蜿蜒在衣服內的路線扭來拐去，就是靜下心來也得摸個好一會兒），全身可供藏錢的地方至少4、5處。

心情複雜地穿上這些動了手腳的防盜衣褲，搭配隱藏在外衣內、暱稱「枷鎖」的防盜斜背包，最後再背上具防割防潑水功能的防盜背包（藏在內側拐彎內的拉鍊就是本人也不好使），手機、隨身零錢包也用暗釦與胸前豌豆包內的隱藏扣環鉤在一塊，賊仔一拉就是一串割不斷、扯不開的肉粽！用心費勁的準備程度遠勝人生所有大場面，望著又纏又綁的身軀，一種招誰惹誰的無奈油然而生。

杯弓蛇影亂開槍

經歷近1日「空中監獄」的折騰，抵達馬德里的
旅伴與我沒有絲毫鬆懈，立刻到機場洗手間完
成變裝，先分批將鈔票塞進各處暗袋，再迅速
穿上裝有護照和信用卡的斜背枷鎖包，盡所能
將所有纏在身上。完工後，深吸一口氣、通過
海關檢查區，黃皮膚肥羊即將踏進傳說中的賊
仔樂園……

現行犯正對奎爾蜥蜴伸鹹豬手！

「這人眼神兒怪怪，左邊歐巴桑一直盯著我
看，右邊小哥應該是假滑手機真賊仔，那群美
眉肯定是裝出來的假遊客……」搭上由機場開
往阿托查火車站（Estación de Madrid Atocha）
的區間車，車內平靜無波，零星乘客自顧自地
滑手機、打瞌睡、發呆，唯獨初來乍到的我不
停左顧右盼，活生生成了「怕賊的喊抓賊」。
如此「看到黑影就開槍」的偏差心態，在停留
首站巴塞隆納期間達到高峰，不論是熙來攘往
的林布蘭大道（La Rambla）或是人氣爆棚的聖

沉迷達利魔力的同時，
也請緊抓自個兒包袱

塞哥維亞的慵懶午後，台胞精神依然緊繃

太陽門廣場是賊窟？還是樂園？

荷西市場（Mercat de Sant Josep de la Boqueria），都因為憂慮「遭人暗算」而無法愜意暢遊。雖然最終幸運地與有形賊仔緣慳一面，卻還是被無形賊仔搞得疑神疑鬼，這實在是平常日子太輕鬆的代價！

就我們觀察，巴塞隆納、馬德里、里斯本與波爾圖等西、葡兩國賊仔活躍的大城市見警率算高，成群結隊的警察多半是站著看、開車逛或騎馬繞，當然很多時候會彼此說笑（當地人不分職業都非常愛聊天），也會耐心解決觀光客的問題（一個問題不斷的老外就能把一群警察纏住），但不會隨意盤問個別路人。因此，如遇到有人無故靠近攀談（無論是穿警察裝束或其他裝扮）一律採取不懂、不理、不回答的搖頭策略，通常賊仔就會因溝通不良無法行騙而放棄。

假如我被偷了

以我未雨綢繆的范仲淹個性，不僅將貴重細軟分散藏妥，也列出「遭竊時的SOP標準作業程序」，畢竟人在慌中就怕亂！一般而言，賊仔只會摸走值錢的玩意兒（現金、信用卡、護照與手機等電子產品），

出發前，可將信用卡（背面的連絡電話務必影印或抄寫於紙上）、護照等複印後分別置於隨身包和行李箱，以備不時之需。

遭竊時的SOP標準作業程序

❶信用卡止付 ❷報警：西班牙、葡萄牙皆為112，馬德里中文報警電話913228598、913228599 ❸補辦護照：向當地警察機關索取「遺失報案證明文件」，向所在地最近的外館申請補辦 ❹報平安：如暫時無法與外館取得聯繫，可請在台親友代為致電「旅外國人緊急服務專線」0800 085 095說明情況並尋求協助

info

駐西班牙台北經濟文化辦事處
地址｜Calle de Rosario Pino, 14, 28020 Madrid, Espana(Spain)
電話｜+34 91 571 4678
時間｜周一至周五09:00～14:00（收件）、15:30～18:00（取件）
交通｜Valdeacederas地鐵站東南400公尺
電子郵件｜esp@mofa.gov.tw
緊急聯絡｜行動電話+34 63 938 4883、西國境內直撥63 938 4883，非上班時間僅供急難救助用途（如車禍、搶劫等危及生命安全情況），非重大事件勿撥打；一般護照、簽證事務請於上班時間聯繫
網站｜www.taiwanembassy.org/es

地址

網站

info

駐葡萄牙台北經濟文化中心
地址│Av. da Liberdade 200, 1250-096 Lisboa, Portugal
電話│+351 21 315 1279
時間│周一至周五08:30～12:30、13:30～17:30
交通│Avenida地鐵站以北150公尺
電子郵件│taipeilisbon@gmail.com
緊急聯絡│專線電話+351 21 315 1279、行動電話+351 96 273 5481、葡國境內直撥96 273 5481，撥打情境同西班牙
網站│www.roc-taiwan.org/pt

地址

網站

「恭喜咱們安全下莊！」飛機自馬德里升空的剎那，兩個提心吊膽一個多月的女人終於可以把現金與護照堂堂正正地放在隨身包裡，再不用擔心被扒被割被扯被失蹤，也不必每逢拿護照、信用卡就得躲在角落掀衣服。之所以能全身而退，很大原因在旅伴和我不閃神的相互照應，一人拍照、一人警戒，感覺有人跟隨就立即退到路邊稍停，遇到地鐵車廂人多就晚一班上車（通常人會少許多），而我176公分的大個子相信也發揮相當嚇阻作用。說到底，任何防盜都非滴水不漏，唯一能做的就是減低被盯上的機率。

儘管「人生就是戲」，但現實中的賊仔卻不似戲劇裡那般易於辨識，曾在巴黎與其正面交手的H女士感慨：「漂漂亮亮的女孩子為什麼要走這途哩？」如同人生百態，賊仔樣貌同樣百百種，與其琢磨「誰是誰非」不如將自己的防盜工作「做好做滿」。

巴塞遇榨菜

神預言好吃驚

打包行李時，力求簡單輕便的我忍痛捨棄摯愛
的真爽泡麵與紅燒鰻罐頭，卻堅持帶著為數可
觀的真空包裝榨菜，行徑看在「對榨菜沒啥感
覺」的旅伴眼裡只有搖頭：「妳真的很愛這
一味。」與榨菜的緣分可追溯至孩提時代，
由於實在愛的厲害，便自顧自將它暱稱為「香
香菜」，從此舉凡稀飯、饅頭、餃子甚至泡麵
（鈉攝取量爆表）都不忘搭配。除了從小吃到
大的情感因素，榨菜也是旅途中腸胃思鄉又無
中菜館時的最佳救援，一點點就能搭配大量碳
水化合物，耐吃濃郁又道地，堪稱中式小菜界
的espresso！

鑑於巴塞隆納是伊比利行的第一站，為免後續
斷貨且尚未發思鄉病，連日來我都未拿出榨菜
享用，旅伴又笑：「如此捨不得，到時可別又
帶回台灣！」後話是，她的預言一語成讖，即
使在尾站馬德里拼命喝水配榨菜，依舊有兩包
完璧歸趙，足見我帶了多少！

1.巴塞遊港觀光船款式多元、
　即買即發
2.坐船是一件易乏的事情
3.高到不好拍的哥倫布紀念碑

沿蘭布拉斯大道（La Rambla）往海岸線方向前行，遠遠就見一枝獨秀的哥倫布紀念碑（Monument a Colom），碑旁碼頭停泊數台或新穎或仿古的遊船，專營港內巡遊觀光，航行時間主要有40分與1.5小時兩款，票價分別為一位€7.5及€15。回想生命中在清邁、網走、希臘等遊船經驗，旅伴睿智歸納：「觀光船不能超過1小時，會乏！」於是，我們毫無懸念地選擇半小時後開船的40分鐘行程。

在「艙外風光好」的迷思作用下，明知道海風強到會把腦袋吹掉，卻還是落俗套地搶攻船艙頂層的無遮蔽座位，不到十分鐘，周圍已坐滿忙著互拍與自拍的同船客，其中也包括來自對岸的樂齡四人組。「還是自個兒來好，想坐船就坐船，不用遷就旁人！」三女一男以宏亮談

1.碼頭畔船如織
2.老夫妻帶犬子女趴趴走令人羨慕
3.船頂風光好但頭痛風險高

笑雀躍現身，從對話內容研判，應是自立自強
的自助客。

歡樂氣氛沒持續多久，無遮蔽座位很快讓人類感
受到大自然的威力。「哎呀，這太陽烈的、這
海風強的！」飽受摧殘的不只以普通話發難的大
爺，也包括刻板印象裡熱愛晒太陽的老外，大家
有帽的戴帽、有外套的穿外套，連做造型的絲巾
都被緊緊束綁在身上禦寒……還未出海，全船已
陷入髮亂面白人憔悴的波濤洶湧中。

就在此時，驚魂甫定的中國大媽速迅從兜裡掏
出一小袋玩意兒，從裡頭擠出一些條狀物後迅
速塞進嘴裡。「該不會是『學生榨菜』吧？」
旅伴口出此言沒有半點猜測意思，只是要展現
她的幽默（開在下愛榨菜的玩笑）與強記（本
人常購買的榨菜品牌），「難怪覺得此人特別

1.碼頭旁軍事基地宛若博物館
2.「學生榨菜」之有圖有真相
3.觀光遊船除現代快艇還有古代帆船

面善！」我邊順著玩笑話開染房、邊將手上超望遠狗仔機（CANON PowerShot SX50 HS）對準2公尺外的大媽掌心，竟然意外揭開這「玄之又玄的祕密」……「天啊！真的是『學生榨菜』！」有圖有真相，「學生榨菜」四字明明白白、清清楚楚，驚嚇敬佩之餘，更衷心希望旅伴的神預言能發揮在更有用的地方！？

在「學生榨菜」的巨大光芒下，港灣遊船顯得平凡無奇，一如之前經驗，甲板確非久留之地，不到半小時就逼人腳底抹油，倉皇躲入船艙避難。相較早早看破的我倆，樂齡四人組又多撐了好一刻鐘才不情願地狼狽歸來，才坐穩，貼心大媽又拿出榨菜與友共享：「反胃，吃這特有效。」於是，榨菜由隨身攜帶的食用級家鄉味，晉升為歐遊必備的藥用級人蔘片！

info

哥倫布紀念碑
地址｜Plaça Portal de la pau, 08001 Barcelona
時間｜08:30～20:30
票價｜€6
交通｜Drassanes地鐵站東南250公尺
簡介｜哥倫布紀念碑建於1888年，高60公尺，所在位置是哥倫布第一次結束美洲航程後返回西班牙的地點。頂端的哥倫布青銅雕像左手持捲軸、右手指往北非阿爾及利亞君士坦丁方向（西國唯一未指向美洲大陸的哥倫布像），目的可能在凸顯他在軍事探險的成就。

地址

貴≠大
古堡裡的乳母與擠火車的土豪

託個性著急與網路便利之福，出發前已將近九成的火車票、住宿訂妥，除了費盡心思眼力搜尋高CP值的車班和旅館，偶爾的奢華亦是不可或缺的小確幸，畢竟「一生能有幾次西葡」，能省則省、該花也不手軟！於是，一日索費€200的世界文化遺產奧比多斯城堡雙人房與一位要價€130（含稅）的跨國火車夜臥鋪G. Class頂級艙，一律眼睛一閉給他花下去！鑑於以上「享受」所費不貲，我們很自然地以為「古堡就如電影裡那般寬敞華麗」、「夜鋪則似日本個室寢台列車般舒適雅致」。當然，Google大神不是沒有照片可供參考，無奈當時眼睛已閉（砸大錢後的鬼遮眼現象？），滿腦子都是過分美好的幻想……

1.我幻想的寬敞城堡屋（攝自布拉干薩公爵宮）
2.實際住得迷你乳母房

乳母房無誤

此行睡在世界遺產區域內的夜晚多如牛毛，但真正住進遺產的機會卻是鳳毛麟角，幸有位於奧比多斯古城內、名列葡萄牙七大奇蹟之一的國營旅館「卡斯特洛奧比多斯酒店」（Pousada Castelo de Óbidos），才得一償宿願。附帶一提，在葡國若見到旅館名稱中含有「Pousada」（西班牙則寫作Parador，意指神聖休息所）一詞，即表示該所在建築是由城堡、貴族宅邸、修道院等歷史古蹟改建。透過Booking.com訂房時，我天真的以為，只要選擇價格稍高的「城堡」而非「新翼樓」就能輕輕鬆鬆成為「一夜女王」，但事實豈是凡人想得那麼簡單。

「與城牆連成一氣的酒店地處城北，公車站則在相反的城南波爾塔門（Porta da Vila）旁，下車後沿著貫穿古城的直街（Rua Direita）一路

1.卡斯特洛奧比多斯酒店入口處
2.迎賓客廳同屬精緻古典路線
3.乳母房浴室擠而高級

往前即達。」看似簡單的「紙上談兵」，實際
卻全然不只那麼回事兒……拖著不算重（僅含
在巴塞瞎買的磁磚和紅酒而已）的行李箱，走
在微上坡的石板路已頗感吃力，至酒店Check
in前的陡坡和階梯更是挑戰，此時才明白什麼
叫使出洪荒之力！在二十度左右的涼爽氣候
下，對比好整以暇的優雅櫃檯姐姐，亂髮噴汗
的台灣女人簡直不忍卒睹，當我從懷中「枷
鎖」掏出熱呼呼的護照時，內心更是一陣不須
言傳的「稀微」～「入住時間是兩點，您可先
到城牆看看、附近走走（拿出地圖邊畫圈邊介
紹中），行李就先寄放在這，屆時再來取鑰
匙。」姐姐的連珠炮對白清晰明確，很乖的我
們不顧汗上加汗、幾近鐵腿的危機，很聽話地
繼續爬城牆去！

兩點鐘，負責帶領住客入房的蹦跳小哥（感覺

1.乳母房之小窗戶外也有春天
2.通往餐廳的典雅戶外梯
3.餐廳一隅宛若電影場景

他始終竄上跳下）一見到我們就露出燦爛笑容：「跟我來！」隨手拎起沉甸甸的行李箱和背包往城堡快步飛奔，伶俐步伐就是雙手空空的我倆也望塵莫及。插入鑰匙推開門，小哥微笑道：「這是入住的D.Filipa（得名於14世紀嫁入葡國皇室的英國菲莉帕公主、蘭卡斯特皇后），如有任何需求都可以撥號櫃檯，很榮幸為您服務。」語畢，他迅速將行李置放架上，再循羊腸小徑倒退離開……等等，前面的敍述怎麼出現了「小」，不是明明住進「大」城堡嗎？事實是，這間「菲莉帕公主房」雖然五臟俱全，卻容不下厚實講究的原木傢俱，單單睡床與櫥櫃便蝕去半壁江山，連電視也得懸吊起來；風格典雅的浴室同樣暗藏Bug──馬桶與洗手台距離過窄，導致坐下時有明顯卡卡之感。

回頭比對訂房網站提供的相片，儘管擺設相同

1.舒適氛圍竟暗藏亂源！
2.餐檯刀叉勺永遠都在「正確」位置
3.我與我的城堡「食」光

但縱深延長數倍，再次印證攝影師的專（ㄓㄚˋ）業（ㄆㄧㄢˋ)技法不是蓋的！由於「公主房」實在迷你的超乎想像，我便自顧自將其暱稱「乳母房」，更精準地說，是受寵乳母的獨居房。

相較房間的小，享用早餐的餐廳則展現城堡應有的皇家大器，自助餐檯選擇不多，但口味皆屬上乘，飲料區不只常見的牛奶、咖啡、鮮果汁，還有浸在冰塊水內的香檳！本該專心讚嘆早餐美好的我，卻又被擔綱外場服務生的消瘦男子吸去目光……長相如何倒是其次，重點在一忙起來就如無頭蒼蠅般的「造亂」功力。根據現場觀察，服務生的工作主要有招呼入座、點餐（煎或炒蛋）、整理並補充餐檯、收拾桌面等，若現場僅兩、三桌客人，他尚可勝任愉快，但只要多了一組人馬，便會進入不知所措的恍神狀態。我們曾見他數次手持抹布在用餐區快速往返而一事無成，不見新客茫然盅立而專注在將空位刀叉微調排列，又或是該上餐時又忙著去煮咖啡，類似情節不勝枚舉，成為悠哉晨光中的唯一搗亂者。

info

卡斯特洛奧比多斯酒店
地址｜Paço Real, 2510-999 Óbidos
時間｜入住14:00後、退房12:00前
價位｜城堡€200起（含歐陸式自助早餐）

地址

土豪是一種比較級

「竟能在交通工具上洗澡？搭不起動輒六位數的阿聯酋頭等艙，試試5,000有找的跨境火車的G. Class不為過吧！」自得知西葡兩國間有每日對開的跨夜跨境車班，且頭等車廂Cama G. Class備有獨立衛浴設備，刷牙洗澡排泄都能關起門來私房搞定，再不用一臉憔悴走進公廁，如此美夢成真的高級享受，大大堅定我「非G不坐」的志向！由於票價是一般經濟座椅（Turista）的兩倍，中國驢友戲稱G. Class為土豪車廂，雖有揶揄之意，卻無損其「豪」的本質。為達成「一夜土豪」的目標，一開放訂票（乘車前兩個月），便立刻透過西班牙國鐵Renfe（葡萄牙國鐵CP亦可）官網下手，萬事俱備，唯獨不連續的座號（031、035）令容易多想的我稍感憂慮……後話是，旅伴與我如願同

1.面對誤點，只能癡／傻等！
2.飛速而狼狽的上車瞬間
3.私人浴室+廁所，G. Class圖的就是這個！

在一間，事實上只要同批購票，座位八九成都會排在一起。

出發當日，馬德里查馬丁火車站（Estación de Madrid-Chamartín）班班準點，僅這輛顯示滿員的跨境列車獨自遲到，時間已過預定發車的21:43，依舊未公布乘車月台，整座候車室只剩下即將前往里斯本的數百人。二十分鐘過去，沒有廣播、毫無動靜，只得聳肩搖頭繼續等……「哇！可以上車啦！」豈料，變化就發生在我憋不住的一瞬間，才離開化妝室，就見眾人如逃難般拖著家當往下層月台衝！不知是因為時間來不及或是本就沒有，此班是我們唯一在西班牙搭乘的「未安檢」（即行李未過掃描機）列車，度過驗票、找車廂的慌亂，終於將和期待許久的G. Class初見面。

「蛤？登機箱＋背包就將走道塞滿滿、塞滿

1.土豪好擠
2.土豪盥洗包
3.餐車似乎更寬敞

滿、塞滿滿！」見縫插腿擠入車廂，眼前畫面著實稱不上滿意──地毯、床架、窗簾頗富歷史感，一門之隔的馬桶與洗手檯則走台鐵金屬風，而殷殷期盼的淋浴間也僅供一人立正站好使用。當然，我們挑（ㄉ）出的美中不足，相較需與旁人共用廁所或得坐著睡整晚的艙等已是舒適天堂，稱是「土豪車廂」倒也當之無愧。使用方面，蓮蓬頭水壓強且熱，車行搖動需扶好站穩，由於淋浴和廁所僅一簾之隔，需留意勿將水噴至馬桶坐墊。另外，不知是整體或個別問題，浴室的排水速度緩慢，一不注意便做水災，當火車劇烈轉彎時也有溢出的可能。眾「沒那麼滿意」中，貼心至極的盥洗包適時扳回一城，不只有大浴巾、礦泉水，打開黑色拉鍊袋，裡面更是耳塞、牙刷（非常難得）、梳子、肥皂、面紙、沐浴乳、洗髮精、紙拖鞋等應有盡有，人果然很容易被免費的小東西收買！

info

馬德里查馬丁火車站⇔里斯本東方車站

班次｜每日晚間對開一班

時間｜馬德里發21:43→里斯本到07:20、里斯本發21:34→馬德里到08:40

票價｜經濟座椅（Turista）€60.5、四人一室經濟車廂（Cama Turista）€84、雙人一室商務車廂（Cama Preferen）€99.8、雙人一室頭等車廂（G. Class）€120.1，其中四人一室、雙人一室需同性別或一起購票才得安排在一間。

凌晨兩點，陷入沉睡的我被下鋪的旅伴喊醒：「有人在外大力敲門！」猶如電視劇裡警察臨檢的「咚咚」敲擊聲急促入耳，推開門，就是一位身穿疑似海關制服的白落腮鬍阿伯，他神情嚴肅盯著我：「Passport！」旅伴趕緊從枕下防盜包內掏出兩本救命符，阿伯靜靜翻看一陣後立馬歸還。「嚇死了！」經歷這場宛若夢境的一陣風式海關檢查，兩個驚魂未定的女人很快地再度睡死，因為……我們根本沒真正醒來！10個鐘頭後，準時抵達里斯本東方車站（Gare do Oriente），精神耗弱、筋骨卡卡的旅伴苦笑：「土豪尚且如此，一般百姓又當如何？」

里斯本，Viva
搞懂你讓我很有成就感

「能搞懂這玩意兒，我就出運了！」初查里斯本的「Viva Viagem Card儲值卡」（以下簡稱Viva Card）資訊時，頓時有種誤觸地雷的預感，儘管性質與悠遊卡類似，卻因為3種方案不得交叉使用及卡片適用範圍差異，搞得人頭暈眼花。所幸，亂成一團的毛線球在網友前輩的「神助」下逐漸理出頭緒，我口沫橫飛地將

地鐵站內標示清晰

「研究成果」與旅伴分享，她靜靜聽著各種關於Viva Card的「紙上談兵」，憶起前幾年我執著研究中國大陸火車硬座座號的往事（詳情請洽《絲路，你好》p.143「座位大風吹」單

Viva Card一次只能挑選一種方案

元），只淡淡讚了一句：「妳對這類複雜玩意兒特感興趣噢。」

只能選一個

由里斯本地鐵（Metro）發行的Viva Card是搭乘里斯本公共運輸系統不可或缺的法寶，同時具備省時（上車秒刷）、省錢（車資折扣、1小時內公車／地鐵免費轉乘）、省事（免備零錢）的高便利性。不讓Viva Card專美於前，經營路面運輸的Carris運輸集團（含括市內78條公

車、5條電車與4輛升降機）也推出乘車儲值卡7 Colinas，兩者除名稱不同，實際功能幾無差異，會購買何者，端視最先接觸的公共運輸是地鐵抑或路面系統。

Viva Card售價€0.5，首次於地鐵站內自動售票機購買卡片時，點選螢幕Without a reusable Card選項（之後儲值即選With a reusable Card並插入Viva Card），卡片屬賣斷制、效期1年，到期後不能加值但可將卡內餘額用完。儲值方面，Viva Card提供單程票（Carris/Metro single ticket）、一日券（1 day ticket network）與定額儲值（Zapping）3款方案，一張卡片一次只能選擇一種，如選定額儲值就必須將卡內金額用罄，才可改換一日券或單程票，反之亦然。

乍看划算至極的一日券，雖有讓人無憂無慮盡情「坐到飽」的爽快，但稍微琢磨就會發現適用範圍廣且享有乘車折扣的定額儲值更「耐用」。除第一次透過自動售票機購買得強制儲值€3（人工窗口€2），之後就可按個人需求加值特定金額（€0.01起、€3以下需至人工窗口辦理），一次儲值€5以上還可享加值紅利（€5～€6.99回饋€0.15、€7～€9.99回饋0.35……），只需在最後幾趟時稍作計算，便能在離開里斯本前將儲值金徹底用盡。

儲值方案	金額	適用範圍	選用情境
單程票	€1.45	市內公共運輸單程	乘車機率低
一日券	€6.15	市內公共運輸任搭	市內跑透透
	€9.15	市內公共運輸＋近郊渡輪任搭	市內＋阿爾馬達鎮大耶穌像
	€10.15	市內公共運輸＋區間火車任搭	市內＋辛特拉＋卡拉凱什
定額儲值	€3↑	市內公共運輸＋近郊渡輪＋區間火車單程	市區單程€1.3、靈活度高

查票員好威

「這張Viva Card歸零了。」神出鬼沒的查票員邊以攜帶式電子讀卡機邊驗票邊提出質疑，雖未一口咬定眼前老外逃票，臉上卻掛著人贓俱獲的「抓到了」神情，深覺「比竇娥還冤」的我扼要解釋：「這是剛才買的單程車票，上車時刷卡扣款，所以現在裡面沒錢。」聽完嫌疑犯的解釋，絡腮鬍小哥癟癟嘴、再過卡一次，「嗯，對。」淺笑中帶有25%的歉意，相較於他先前的不假辭色，我想我已得到該有的冤獄補償。

在葡萄牙（尤其是地鐵、火車全無柵欄的波爾圖），買票刷卡是每位乘客自動自發的誠實義務，多數時候無人監管，一旦執行查票便是雷厲風行、滴水不漏，想逃絕對門兒都沒有！以此次在阿爾馬達鎮（Almada，里斯本大耶穌像所在地）Cacilhas地鐵起點站遇到的情況為例，兩人在尚未啟動的車廂內，採分進合擊方式、由頭尾兩端查起，查票員身穿制服、手持驗票機，每位乘客逐一查核，就是重複也在所不惜。人性化的是，儘管逃票「書面上」罰金十分嚴峻，但實際多會

斟酌現況處置，若非蓄意屢犯大多只需照價補票，當然規矩買票、確實刷卡（閃綠燈表示讀取成功）才是上策。

綠底＞白底

「啥？刷不出來！」其實，遭絡腮鬍小哥查票前，我們已經歷一輪「刷沒有→茫茫然→重新買票→馬上刷有」的慌亂周折……故事源於一路暢行的Viva Card竟在與里斯本一河之隔的阿爾馬達鎮吃鱉，明明金額足夠卻怎麼刷都閃紅

1. 查票員總是行蹤飄忽
2. 緊急換卡後終於刷過（亮綠燈）
3. 販售含辛特拉一日交通卡功能的Viva Card機器，外型與地鐵站內的不一樣
4. 不管白卡綠卡，刷得過的就是對卡！
5. Cacilhas地鐵車廂內巧遇查票

燈，巧的是，隔壁車廂、同樣持Viva Card的白髮阿嬤同樣屢刷屢敗，她以葡語詢問乘務人員，卻得到對方兩手一攤「我也沒法度」的聳肩回覆。見阿嬤認命地走往月台上的自動售票機，旅伴與我也跟著依樣畫葫蘆，重新再買一張……

售票機吐出與手上Viva Card模樣雷同的卡片，唯一不同在原有的為白底，新買的是綠底，至於綠底與白底有啥不同，說實話，我們真的看不出來！本以為故事就此結束，未料數日後，又在購買「辛特拉一日交通卡」與綠底卡異地相逢，外型就和之前那張一模一樣。根據經驗研判，推估綠底卡的適用範圍擴及里斯本以外的周邊城鎮，而白底卡則侷限於市區使用，不過里斯本的地鐵站自動售票機內僅能購得白底卡。

售票機「搞自閉」

「眼前正上演一場膠著的鈔票『逼食秀』！」案發地點是自貝倫駛往里斯本市區、15 E 車廂的自動售票機，主角為一對講德語的老夫妻，配角有拔刀相助的友人阿伯與同樣欲上車購票的中年婦女，旅伴與我則是坐在搖滾區第一排的實況目擊者。該以吃錢為業的售票機不知為啥咬緊牙關絕食，從老先生的畢恭畢敬（按照步驟逐一操作）、老太太的好言相勸（將鈔票壓平再緩緩推入）到同行阿伯的強制執行（硬

1.上車刷卡準沒錯
2.堅持咬緊牙關的車上售票機
3.大眾運輸是暢遊里斯本的好夥伴

是用手指將紙鈔戳進洞口)、認真研究的中年婦女(仔細閱讀說明不斷反覆投幣)一概相應不理,不吃錢也不吐票,讓他們陷入被迫逃票的窘境。

經歷一番「想買買不到」的折騰,老夫婦已是滿面通紅渾身冒汗,兩人不斷嘆氣搖頭、喃喃自語,內容大致不脫:「不是我逃票,是機器壞了!」、「已經試了10分鐘,真的沒法度啊!」他們的努力大家都看在眼裡,堪稱逃票史上最無辜現行犯。

為什麼售票機故障卻仍然出勤?相信與Viva Card的超高普及率關係密切,在里斯本,車上現金購票所費不貲,單程票分別為公車€1.85、電車€2.9、榮耀升降機or比卡升降機or修道院升降機€3.7(往返)、聖胡斯塔升降機€5.15(往返),且無儲值卡根本不能搭乘地鐵,種種原因導致幾乎人手一張,極少人選擇上車購票的結果,無怪就是售票機偶爾「搞自閉」也鮮為人知。

氣場極強的老練法朵姐

才不會忘記妳呢
滄桑姐姐法朵秀

「阿撒挖咧，嘟嘟嗲嘟……」我永遠忘不了滄桑姐姐Marta Soares登場的剎那，身著黑色露肩禮服、披散著一頭金髮，從窄小的豬肝紅布幔「唰」地走出來，只見她腰桿挺挺氣勢騰騰，不僅磁性菸嗓、霸氣十足，喉嚨更是抖動的厲害！儘管在座觀眾只有三桌六人，依舊展現如登小巨蛋的大器風采。

一首法朵（Fado）暖場後，先熟練地以英語簡略介紹里斯本法朵與兩位伴奏的葡萄牙吉他與古典吉他樂手，再就是連串經典Live Show。滄桑姐姐時而雙手合十、閉目詠嘆，時而手舞足蹈、唱作俱佳，哪怕氣氛始終在冷清與尷尬間擺盪，卻絲毫無損她熱力四射的奔放演出。

info

> **法朵**
>
> 簡介｜法朵又稱葡萄牙怨曲或命運悲歌，為葡國最具代表性的音樂類型，興起於19世紀上半，最初於阿爾法瑪舊城區的水手、妓女間流傳，主流表演模式為歌手、葡萄牙吉他手、古典吉他手的三人組合，最知名的歌手為「法朵女王」Amália Rodrigues（1920～1999）。法朵的類型可分為里斯本法朵（Fado de Lisboa）與科英布拉法朵（Fado de Coimbra），兩者差異主要體現在歌者性別與歌曲氛圍，前者為女性，情感豐富、展露人生歷練與滄桑；後者是穿著科英布拉大學傳統黑色長披肩的男學生，風格清新、洋溢如民歌般的青春爽朗。

雷不雷

滄桑姐姐獻藝的地點是位於阿爾法瑪舊城區核心地帶的「誘惑餐館」（Restaurante Sedução），店鋪位置極佳，擁有「窗內聽法朵、窗外賞電車」的優勢，晚餐時間（20:00～23:00）顧客只需付餐費就可免費欣賞4段各15分鐘的演唱。類似的法朵晚餐秀在阿爾法瑪所在多有，粥多僧也多的情況下，一些餐館的服務員會在餐館附近發傳單或門口招攬，我們則是基於鄰近旅社、28E電車行經、承諾立刻開唱等多重因素，才挑上Google評價低劣（這是後話，若當時知道只有1.5顆星，肯定沒機會認識滄桑姐姐）的（偽？）地雷餐館。坦白說，

1.感覺已「有歲」的生火腿拼盤
2.金玉其外的無味海鮮燉飯
3.誘惑餐廳窗外景致無敵
4.窗內來客始終未破五桌（受評價1.5顆星所累？）
5.韌如抹布的法朵（髮指？）牛排

info

誘惑餐館
地址｜R. Augusto Rosa 4, 1100 Lisboa
時間｜12:00～23:30（20:00～23:00法朵表演，周三休）
人均｜€15～€30
交通｜Terreiro do Paço地鐵站以北500公尺、28E至Sé站100公尺
周邊｜里斯本主教座堂、聖安東尼堂
附註｜若不想太晚回旅社，可於表演休息空檔埋單離開，餐館地
處觀光區中心，即使深夜時分仍有不少觀光客穿梭其間，治安
佳，唯仍須時時保持警戒。

地址

「誘惑」稱得上是一間極具電影感的特色餐館──氣質激似V怪客（翹鬍子可謂一絕）的神祕侍者、總在吧檯小酌的耍帥老闆、身穿圍裙的汗涔涔大嬸廚師，還有換了兩套禮服、髮型的滄桑姐姐與令人驚豔無比的葡萄牙吉他高手……看似未犯大錯的「誘惑」為何會落入1.5星之流？平日熱衷煮食的我們認定問題就出在令人匪夷所思的盤中飧……

一入座，侍者如滑冰般優雅地送上菜單，嗜肉如我選上法朵牛排€16、偏好海鮮的旅伴則挑中炸蝦燉飯€14.3，沒多久，他端來「感覺已擺好一段時間」的生火腿拼盤，揚起嘴角表示一盤要價€11、若不需要可退掉，以咱孬孬個性自是點頭笑納。就在我們持續以正常速度吃著乾麵包配乾火腿時，侍者一聲不響收走「擺著正吃一半麵包」的餐盤，還未回過神，看似美味可口的豪華主餐已在眼前。「哇！好吃到翻白眼吶！」旅伴聞言大搖頭答：「恰恰相反！」炸得有模有樣的蝦，實際半點鮮味沒有；黏稠稠的燉飯除了鹹與酸（自行擠入檸檬片導致），也無其他香氣滋味，至於那塊口感宛若破布的不鮮不嫩無肉汁牛排，更是食物界的「無靈魂」奇才！

1.舉手投足超有型的滄桑姐姐
2.內斂大叔不插電熱唱超給力
3.餐館外就是電車站，再晚也不驚！

米娜與屁妮

咬緊牙關與破布牛排搏命拉扯的同時，餐館的最大亮點Fado Live Show

也準時開唱。只見，滄桑姐姐使出渾身解數帶動氣氛，一會兒號召大

夥兒打拍子，一會兒邀請大家發出親吻的啾啾聲，無奈現場人數始終

維持在六人之譜（不斷重演走兩人、來兩人的戲碼），欠缺人氣的場

子，就是狂灑汽油也難起火……兩段表演後，無唱酬的她開始逐桌拜

訪兼介紹專輯，兩個來自亞洲的女人早已下定決心「各買一張」捧

場，不待她戮力推銷便掏錢入手。「可以簽名嗎？」忙得有點茫的滄

桑姐姐頓了頓才會意：「當然沒問題！」說完，隨即一個箭步衝回豬

肝紅布幔後方拿筆。「妳的名字是？」旅伴「Moon」才出口，她很有

自信地覆誦：「Oh，Mina！」立馬以飛快草書寫了一大篇給Mina的

留言，至於自稱「Phoebe」的我，傳入她耳中則幻化成有點兒怪怪的

「Peeni」？！

或許是基於服務精神，滄桑姐姐在賣完CD後仍相當熱情地閒聊，詢

問去過里斯本哪裡？喜歡里斯本何處？見米娜與屁妮讚不絕口，她半

開玩笑道：「別忘記里斯本，也別忘記在里斯本的我呢！」「當然不

會！」我們在旅途中雖然不時虛情假意（主要表現在東西普普卻說非

常好吃），但此刻的「秒答」倒是半點不假，不只因為這是人生首場現場法朵秀，更在她「罄竹難書」的過人特色……本以為滄桑姐姐的「莽撞秀」就此終了，孰料還有回馬槍——有些精神不濟的她，一個不小心將其中一張簽了米娜姓名的CD順手拿至隔壁桌二度販售。所幸，在我們的輕聲呼喚下，滄桑姐姐發現自己的恍神烏龍，滿臉不好意思地物歸原主。

座位不多且從未滿席的「誘惑餐館」，看似生意普普通通，卻仍有新客上鉤，分析原因，一是侍者擅於察言觀色，只要見人影在門口張望，便馬上堆滿笑臉攀談介紹；其次也是最重要的，餐館技巧性地讓歌聲透過微開大門傳至熙來攘往的街上，路人自動聞聲而來，說到底，現場演唱的法朵才是餐館的最大賣點。

「不輸滄桑姐姐哩！」技巧高超的葡萄牙吉他手可謂當晚最大彩蛋，滄桑姐姐賣完CD後暫時退場，本擔任伴奏的他自顧自地自彈自唱起來，並且是完全沒有喘息的一首接一首。這位短髮大叔歌聲柔和清爽，與滄桑姐姐形成明顯對比，他沒有丁點譁眾取寵的招數，只是盡興地陶醉在自己的表演裡。數曲唱罷，熱情鼓掌的我們還等著購買大叔CD，未料他微笑回禮後，卻是走到門外享受「歌後一根菸」的悠哉時光……此人此景此率性此灑脫，確是歐洲電影無誤。

熱情的殊途同歸
米其林二星＋家庭式小館

對我這樣一個懼怕與陌生人交流的食客而言，所謂「恰到好處」的餐館服務，就是適時送上菜單、正確完成點餐、按一定節奏上菜、最後俐落收走碗盤，不需當家人般的親切熟絡、亦不用耗費脣舌介紹食材或烹調手法，就讓我淡淡的來、靜靜的吃、飽飽的走。話雖如此，並非所有店家都能如我所願的冷淡以待，無論是發自內心的熱情互動或營造尊榮感的親切服務，凡遇上較「熱情」的店主或服務生，還是會盡量展現懂事得體的一面，讓他們的熱臉也能貼到看似樂在其中的「假性熱臉」～

1.廚房可愛小妞靦腆撈出鍋中好料
2.被迫夾魚好吃驚！

自找的！

自得知里斯本有間名列米其林二星的「貝爾坎圖餐廳」（Belcanto，葡國目前尚無餐館位列三星），已嘗過一星（桃花源小廚、添好運）、三星（龍景軒）的我倆，就琢磨著要捧銀子試試看。由於餐廳採全預約制且熱門非常，為免撲空，便在3個月前透過官網預訂，不滿一日，就收到完整而有禮的確認回覆。為了這頓上等體驗，特地在力求精簡

1.米其林式貼心？被迫推進廚房火線
2.名廚的日常：料理不忘社交
3.請從下列石頭中找出可以吃的「食頭」
4.魚兒魚兒花中藏
5.假橘子真冰球之主廚的奇想

的行李內多塞一件（感覺上）正式的「米其林專用戰服」，當時殷殷期盼的我們並不知道，如此費心厚工的準備，最終竟是一場令人神經緊繃的鉅細靡遺導吃秀……

「妳們的座位在這兒，請先進廚房參觀。」負責統籌的資深領班大叔態度從容、行禮如儀，來客無論生熟，一律遵循標準作業程序接待。對於突如其來的「進廚房」禮遇，我們其實並不樂在其中，一來此地空間狹小、忙如戰場，外人只是「鎮位」而已；二是雖有廚師勉強擠出笑容應對，卻是兩邊不著的心不在焉，讓站在送餐動線上的旅伴與我深感抱歉。相較侷促不安的亞洲女人，仰慕主廚的貴婦團則顯得自在愉悅，她們興奮地將主理餐館的新生代名廚José Avillez團團圍住，一會兒拿書簽名（封面正是主廚本人）、一會兒挽手合照，貌似靦腆的帥廚有求必應，眾人不亦樂乎。

在榮（ㄍㄢ）幸（ㄍㄚˋ）的廚房巡禮後，終

於能靜靜坐下喘口氣，菜單固然字多如麻，所幸有包山包海的€145套餐解圍⋯⋯怎料，這個選擇便成為我們得整夜「應酬」米其林級服務職人的源頭。回顧15道兼具異國風味、藝術性擺盤與分子料理技術的餐點，每回上菜時都伴隨著完整而具知識性的介紹，每位侍者臉上都寫著「專業」兩字，逐一詳解盤中飧的來歷、滋味、食用方式和入口順序。「這幾顆石頭，只有其中三顆可吃，請從淺色的享用。」、「這一盆花，只有中間的可吃，是以鮪魚生魚片與○○佐○○醬調配而成。」儘管開吃時間已逼近晚上十點，眼神渙散的我倆仍努力打起精神「上課」，為了表示都有聽進去，還加碼一派輕鬆地點頭微笑（拿出我在學時裝乖的看家本領），儘管內心只希望這一切快點結束！不知是掩飾得太好或是米其林餐廳的待客之道使然，侍者和領班對這組亞洲客頗為關懷，這人經過問一下、那人路過聊一句⋯⋯所以，是不能饒了我們嗎！？

自發的！

「別再看了，跟我到廚房，要吃什麼直接選！」才翻開第一頁，拿菜單來的阿伯級服務生非但「不讓我們看下去」，更一鼓作氣領著客人往「非請勿入」的禁區衝⋯⋯出乎意料的熱情招待，發生在「貝

1.走親切家庭路線的熱羅尼莫斯餐館
2.「葡」實餐廳內藏熱情夥計
3.吃魚嗎？夥計幫妳切！
4.薯條真是無所不在的大敵
5.全桌最夠（美）味──酸味洋蔥橄欖油醬

倫烘焙坊」（Pastéis de Belém，葡式蛋塔祖師爺）旁的家庭式小館「熱羅尼莫斯餐館」（Os Jerónimos），阿伯見眼前老外擺明是不識葡文的觀光客，瞬間點燃熊熊熱忱，將平凡的我倆待如VIP級上賓。

「這是牛肉，那是豬肉，都很美味！」阿伯直闖熱氣蒸騰的廚房，正在費勁攪動兩個大燉鍋的可愛小妞雖受到短暫驚嚇，卻也立刻露出燦爛笑顏，在阿伯的指揮下分別舀出鍋中食材，供兩個身分不明的「青仔叢」拍照。本以為離開廚房就可回歸平靜，沒想到面對的卻是「下一站，烤魚」──阿伯拉著我們至開放式的燒烤爐檯旁，作勢讓廚師將翻動烤物的鐵夾交給（不知所措的）旅伴，要求裝出將烤魚翻來翻去的樣子，再一把奪下她手中的相機：「笑一個！」身為逃過一劫的旁觀者，我除了幸災樂禍著實別無他想。後話是，阿伯精心設計的「亞洲女人遊葡國夾燒烤魚圖」竟然只有面部

1.位於聖城巷弄內的巴拉薩爾餐館
2.料理道道有水準

特寫而無魚入鏡，自覺遭白整一場的旅伴苦嘆：
「那是為什麼要逼我拿夾子夾魚哩？」
經過一番折騰，我們終能回到座位品嘗燉牛肉與烤
魚飯（推估是旅伴夾過的那一條），見阿伯轉頭照
顧別桌新客，內心更是一陣「抓到交替」的歡喜。
然而，就在旅伴準備開吃的瞬間，他竟飛也似地衝來，以刀叉將焦黑
魚皮刮除，再用刀指著雪白魚肉道：「這樣吃才對，要翻面時我再幫
妳拿去烤一下，更可口。」「還來啊！」始終皮笑肉難笑的咱倆只得
以母語無奈哀嘆……所以，是不能放過我們嗎！？

不喜米其林餐廳的細膩介紹，懼怕家庭式小館的熱情不歇，友人見中
年婦女毛病一堆，笑問此行可有遇到滿意的餐館？旅伴與我異口同聲
答：「當然有啊，西班牙聖地亞哥的伶俐小妹超級棒！」話說這間偶
然光顧的「巴拉薩爾餐館」（Restaurante O'barazal）位於古城區內，
供應海鮮飯（Paella）、炸綠椒（Pimientos de Padrón）、烤蝦（Gamba
Plancha）、烤魷魚（Calamar Plancha）等西班牙經典料理，菜單圖文
並茂，由小妹一人獨挑外場。為了節省時間，小妹話少反應快，點餐
過程對話不超過3句，卻奇蹟似地完全正確。見我們吃完，她快手收妥
碗盤，再送上餐後咖啡，一氣呵成使人讚嘆！

不過，之後細查才發現，這間餐館在貓途鷹的網友評價只得2.5分！（一人給5分、一人給1分）離奇低評恰是來自「員工不友好」的重砲批判……說到底，我果然是討厭被「友好」對待的客人！

info

貝爾坎圖餐廳
地址｜Largo de São Carlos 10, 1200-410 Lisboa
時間｜12:30～15:00、19:00～23:00（周一、周日休）
人均｜€200～€300
交通｜Baixa-Chiado地鐵站以西300公尺、28E至Chiado站200公尺
周邊｜殉道者大教堂、希亞多美術館
附註｜餐廳採全訂位制，需於門口按鈴，確認預約身分無誤，才會引導入內。

地址

info

熱羅尼莫斯餐館
地址｜R. Belém 74, 1300-083 Lisboa
時間｜12:00～22:00
人均｜€20～€30
交通｜公車15E、729至Mosteiro dos Jerónimos站150公尺
周邊｜熱羅尼莫斯修道院、貝倫宮

地址

info

巴拉薩爾餐館
地址｜Rúa da Raíña 2, 15703, Santiago de Compostela
時間｜12:00～15:30、19:00～23:00
人均｜€10～€20
周邊｜聖地亞哥・德孔波斯特拉主教座堂

地址

今仔日風真透
辛特拉，吹到不要不要！

「有這麼誇張？叫成這樣！」抵達辛特拉（Sintra）的午後，隨即直奔「歐陸盡頭」羅卡角（Cabo da Roca），旅伴與我很時髦地開啟直播，觀眾就是剛吃完晚餐的好友H小姐一家。還沒說兩句話，就被四面八方襲來的陣陣海風吹得魂不附體、形象盡失，既笑又喊的娛樂效果，正好成為H府剔牙時間的最佳調劑。儘管出發前早耳聞羅卡角風勢強勁，全身裝備都已綑緊紮好，卻沒料到竟是連「棉花糖女孩」都難招架的狂亂等級！

即使經歷恐怖摧殘，我仍天真地以為「頭快吹掉」的颱風陣仗只限羅卡角一地，但隨著在辛特拉混得越久，越明白此風的無所不在，舉凡看城堡、爬長城、逛市區，稍不留神就會被吹得髮亂臉扭腦發暈……出身東台灣的旅伴自小與太平洋的風交手，如今有幸體驗大西洋的風，她苦笑評論：「宜蘭雖愛下雨但多數時候微風徐徐，只有颱風侵襲才得這般陣仗！」

1.以風勢強勁聞名的羅卡角
2.連我這大柱子都快頂不住

info

辛特拉

位置｜里斯本西方30公里

交通｜由里斯本城東「東方車站」或市區「羅西歐火車站」搭乘辛特拉專線火車CP前往，後者較常為觀光客利用，列車班距15分鐘，車程40分，單程票價€2.2（以自動售票機購票需選擇Zone 4）。除單程票，亦可選購火車＋巴士搭到飽的「辛特拉一日交通卡」（Train & Bus 1 Day Travelcard Sintra Cascais）€15.5，其中€15是車資，€0.5則為綠底Viva viagem card卡費。

簡介｜辛特拉又譯作仙達（澳門譯仙德麗），距大西洋18公里，1995年登錄為世界文化遺產，區內包括多個建於15～19世紀的皇家莊園與城堡。當地旅遊交通便利，也有中文版乘車指南，旅客可於火車站旁巴士站搭乘公車434循環線（辛特拉宮、佩納宮、摩爾人城堡）、435（雷加萊拉莊園、蒙塞拉特宮）、403（羅卡角、卡斯凱什）前往各景點，火車站內的旅客服務中心也有銷售含兩個以上景點的組合聯票。

地址

羅卡快閃

自辛特拉火車站搭50分鐘的公車至羅卡角，卻只在那兒待了僅僅半小時，如此「沾醬油」行徑倒非時間緊湊，而是你想留也留不住！環顧現場，快來快走的豈止我倆，客不分團體自助皆以「避風頭」為第一要務，相信就是再會拖拉、再常脫隊的傢伙都會在完成「打卡任務」後乖乖準時（甚至提早）集合。所謂的任務，就是與聳立在海灣旁、刻有葡萄牙文學家賈梅士名句「陸止於此，海始於斯」（Aqui, onde a terra se acaba e o mar começa）的石碑合影，基

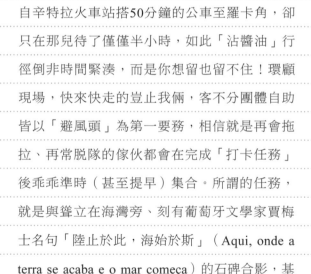

1.車站前403公車50分直送羅卡角
2.羅卡角來回都在同站牌搭車
3.羅卡角全景
4.天涯海角好風光
5.對比現場波濤洶湧，磁磚畫相形寧靜許多
6.旅伴痛斥「沒有用」的大型證書

於「碑孤人眾」的現實，周圍總是人山人海。
其中，又以戰鬥力強的韓團聲勢最為浩蕩，從
大叔的振臂一呼、大嬸的燦爛一笑到濃妝少女
高舉自拍棒的嫣然回眸，高麗同胞互助攻占
最佳位置，你走我來川流不息，不給石碑絲毫
「清淨」。

經過一番與風對抗、與人搶景的搏鬥，嘴唇
發紫的我們循原路來到位於公車站旁的旅客
中心，目的不只是整理儀容，更在領取寫有
「○○駕臨歐洲大陸最西端」的到此一遊證
書。「薄薄一張要€11！」非常切實際的旅伴見
其所費不貲但毫無用處，堅定拒絕「領證」，
而我則以「出書要用」的堂皇（不是荒唐）理
由驅使下掏錢。「從裡面挑選一張。」右側玻
璃櫃內放有兩款風格不同的A3尺寸證書，就在
我猶豫之際，身旁兩位對岸阿姨很自然地舉起

手機拍照。「No photo！」櫃檯阿伯口氣嚴屬地指著不算顯眼的禁止攝影符號，「好險，差點我就……」旅伴慶幸自己慢了一步，否則現場所有亞洲女性都難逃一罵的命運。

巨型證書的最大噱頭，就是工作人員會在現場以花體字型寫下購買者的英文姓名，一向怯於提出要求的我突然神來一筆：「請問可以寫兩個人的名字嗎？」已戴上老花眼鏡、等著「開寫」的阿伯悠悠答：「可以啊。」別於我一石二鳥的雀躍，旅伴回應依舊淡定：「我是真的不用，因為那玩意兒真的沒有用！」

info

羅卡角
時間｜全日；旅客中心09:00～18:30（夏季06.01～09.30延長至19:30）
票價｜免費
交通｜辛特拉火車站（出正門左轉）搭乘公車403「Sintra Estação ⇔ Cascais Terminal」至Cabo da Roca，路程37公里、車程50分，票價€3.25（上車購票），營運時間09:00～19:00、班距30～60分。羅卡角只有一個公車站，停靠的403公車分為返回辛特拉（Sintra Estação）與續行至海濱度假勝地卡斯凱什（Cascais Terminal，車程30分）兩種，可由車頭電子面板確認車行方向。

地址

跟著國王爬起爬落

喜歡城堡嗎？熱愛藝術的平凡水彩畫家可以自個兒畫一座「望圖止渴」，但若畫家是位高權重的國王，那麼僅供腦補的「空畫」就很有機會「化夢想為現實」……活在19世紀的葡萄牙國王費爾南多二

1.夢幻城堡——佩納宮
2.佩納宮，風大人更多
3.小長城——摩爾人城堡
4.竟和國王爬同一座堡！
5.回首來時階，一把辛酸汗

世，便是這樣既愛畫畫又有權勢的幸運兒，登基隔年、才二十出頭的他隨即選定辛特拉實現夢想，經過多年的大興土木，色彩繽紛如馬卡龍、建築風格多重混搭（哥德式＋文藝復興式＋摩爾式＋葡萄牙曼努埃爾式）的佩納宮（Palácio da Pena）終於在此誕生。

儘管對這座超現實夢幻城堡相當滿意，但礙於「只緣身在此山中」定律，國王若想全面性欣賞自己的傑作，就得另覓一個有點遠又不會太遠的最佳角度。於是，鄰近的摩爾人城堡（Castelo dos Mouros）制高點皇家城樓，便成為他激發靈感的祕密基地。時至今日，佩納宮和摩爾人城堡已分別由皇居及防禦工事蛻變為趨之若鶩的售票景點，無論是不是國王、愛不愛藝術、缺不缺靈感，都可跟隨費爾南多二世的腳步爬起爬落，親身體驗聯合國教科文組織認證的世界文化遺產。

「這國王不只腿力好，還得下盤穩吶！」相較不斷上下的慢性體力消耗，自四面八方襲來的

強陣風就屬急性身心摧殘。平日輕鬆簡單的按快門，此刻還得加上挺

腰桿扎馬步、膝蓋頂住牆面、五指緊抓遮陽帽、五指緊扣相機的標準

抗風動作，否則隨身物品飛走事小，自己也難保沒有墜落的可能⋯⋯

經過一上午的國王級奔走，雖未萌生拍案叫絕的點子，但能無頭痛無

掉物的全身而退，已是凡人的最佳狀態！

info

佩納宮

地址

時間｜6月至10月公園09:30～20:00、皇宮09:45～19:00；11月至隔年
5月10:00～17:00

票價｜公園€7.5、公園＋皇宮€14、公園＋皇宮Happy Hour優惠
（09:00～10:30）€13

聯票｜佩納宮＋摩爾人城堡or蒙塞拉特宮€20.9、佩納宮＋辛特拉宮€22.8、摩爾
人城堡＋辛特拉宮€17.1、佩納宮＋辛特拉宮＋摩爾人城堡or蒙塞拉特宮€30.08、
佩納宮＋摩爾人城堡＋辛特拉宮＋蒙塞拉特宮€37.2

交通｜辛特拉火車站（出正門右轉）搭乘公車434「Circuito da Pena循環線」至
Palácio da Pena站，路程14公里、車程25分，一日票€5.5（上車購票），營運時
間09:15～19:50、班距15分。作為觀光客必搭的班次，幾乎時刻維持排長龍狀態，
上午熱門時段甚至綿延數公尺。為提高運轉效率，乘務員會沿著隊伍逐一售票與
發放公車路線圖（含中文簡體版），使用辛特拉一日交通卡者則不需購票。

附註｜公車停靠處距離佩納宮還有一段陡坡，徒步約10分鐘（順道逛公園），如
欲保留體力或時間緊湊，亦可選搭園方提供的接駁車，來回票價€3。

摩爾人城堡

地址

時間｜6月至10月09:30～20:00；11月至隔年5月10:00～18:00

票價｜€8

交通｜公車434至Castelo dos Mouros站，路程9公里、車程20分。與
佩納宮相距不遠，步行可達。

簡介｜摩爾人城堡為8至12世紀統治伊比利半島的摩爾人興建，主體多已坍塌頹
圮，現在保留原始景觀的前提下適度維護並對外開放，整體猶如迷你長城。園區
外圍免費，僅靠近城牆、城樓處才需購票。

1.零負評閉門羹？
2.貨真價實「月亮代表我的心」
3.連雕像都被吹得快崩潰！

餐前風

距辛特拉火車站1.3公里的「瑙帕拉提餐廳」（Nau
Palatina），竟在貓途鷹上擁有零負評的不思議佳
績，像我這樣一個嗜吃如命的女人，自不願錯過這
等在地人激推的極品。得知店家除周日外只供晚
餐且位少客多，為免撲空，便提前數月透過臉書通
訊聯繫，沒想到竟獲得「平日不需預訂」的灑脱回
覆，so……意思是只要周間光顧都可隨到隨吃？

在杞人憂天的個性驅使下，還是趕在營業前15分抵
達，店家想當然耳大門深鎖，街道上只有我倆頂著
強勁冷風來回踱步。「6點了，怎麼毫無動靜？」
湊近一看，才發現大門玻璃上貼著一張字體極小的
公告，大意是「因為停電導致無水可用的關係，必

須延後一小時開門」，也就是説……咱還得在風
中多等一個鐘頭！儘管當下身心俱疲（連續單日累積破萬步），我們
仍勉強自己爬坡至附近溜達，無奈時間已晚、教堂已關，附近飛沙走
石，無處可去下只得回到瑙帕拉提門口。「還要20分鐘才營業喔！」
看到兩個老外在門外探頭探腦，絡腮鬍大叔面帶歉意地將小紙條上延
後開門的理由從頭細訴一遍，之後便頭也不回地衝回店裡繼續忙。在

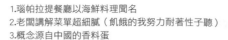

1.瑙帕拉提餐廳以海鮮料理聞名
2.老闆講解菜單超細膩（飢餓的我努力耐著性子聽）
3.概念源自中國的香料蛋

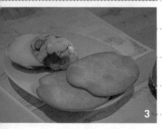

不好意思的心態作用下，只得窩在數公尺外的公車亭暫歇，無奈此亭三面鏤空，令向來衣食無缺的我難得飢寒交迫。

喝風75分鐘，作為首批入內的顧客，大叔卻把我們帶往角落的雙人高腳桌，他苦笑解釋訂位很滿，這是僅存的現場空位（之前臉書的回覆是？）。事實證明，我們之後的未預約客一律只能扼腕（餓肚）離開，所幸這位非常健談（菜單從頭仔細說明到尾）的大叔老闆都會提供替代方案，頂多再走幾百公尺就有他口中「同樣很棒」的南歐家常餐館。橄欖油炒蒜頭蝦（Camarão Selvagens à Nau）€11.9、百里香章魚片（Polvo assado com Tomilho）€9.9等料理陸續上桌，鑑於圓桌面積極其有限，我們盡可能保持「在下一道來臨前吃完前一道」的速度，大叔也不忘在上菜時詢問滿意與否。坦白說，眾口鑠金的無負評自然有相當水準，蝦鮮甜Q彈、章魚肥美有嚼勁，調理手法清爽、道道蘊含用心。美中不足的是，一如同他口中靈感來自於「中國茶葉蛋」的茶蛋（Ovos de Chà）€1.5，模樣雖像，一入口卻是歐式香料散發的濃濃洋味，讓我萌生「可惜不是你（真茶葉蛋）」的感慨。「明天一定要

光顧車站對面的中餐館。」連我自己也料不到，不計辛苦吞下「第一名」的後果，竟是更想念油膩膩的家鄉味！

info

瑙帕拉提餐廳
地址｜Calçada São Pedro 18, 2710-509 Sintra
時間｜周二至周六18:00～00:00（周日、一休）
人均｜€20～€30
臉書｜www.facebook.com/BarNauPalatina

地址　　臉書

由羅卡角乘公車返回辛特拉途中，本想好好休養生息，卻很衰地碰上放學時間，十幾位中學生將座位塞得滿滿，車廂瞬間從鴉雀無聲變成雞飛狗跳。帶頭的矮個子（屁孩是不分東西的國際級毒瘤）一會兒高聲唱歌（徹底陶醉在自己的歌聲）、一會兒吼叫嬉鬧（跨越幾排座位推來推去），雖對葡文一無所知，但可肯定每句都帶髒字。屁孩越鬧越過分，甚至向身旁專心聽音樂的高大女同學挑釁，先咻地把對方耳機拉掉，再狠狠從肩膀大力搥下去，他不知輕重的玩笑，終於換來一陣邊氣邊罵的流星雨式正拳攻擊！說實話，我由衷感激那位海K屁孩的女孩，她的犧牲雖無法帶給我們安寧，卻獲得精神上的痛快。

相較可躲可避的自然界狂風，令人坐如針氈又無法逃離的「屁孩風暴」更是不遑多讓……一日經歷兩場身心摧殘，我知道自己又成（ㄑ一ㄠˊ）長（ㄘㄨㄟˋ）了不少！

開雙B・看立石
外星人的傑作？觀光客的疑惑！

「如此舟車勞頓、吹沙吃土，就為了看『這個』？」光光的沙土地上立著數十根（正確數量是95尊）高2至4公尺的石頭，個位數遊客繞著石頭轉來轉去，就為說服自己「來的值得」？實際上，地處埃武拉西郊的阿爾門德雷斯環狀列石（Cromeleque dos Almendres）是非常珍稀的史前遺跡，矗立於此超過七千年，儘管在考古學上地位赫赫，甚至可能是外星人的傑作，環狀列石因震撼度遠遜於同性質的英國巨石陣（Stonehenge）而罕為人知。

「那麼妳怎麼會知？」旅伴直覺問，我的答案竟然完全是「分數」考量：「因為環狀列石在貓途鷹的『埃武拉觀光排名第5』，在Google評論4.4顆星，評價高的詭異，不去實在說不過去！」

飄洋過海來看「石」！

info

阿爾門德雷斯環狀列石

地址

位置｜埃武拉城區以西18公里
時間｜24小時
票價｜免費
交通｜無公共運輸，需自駕或參加當地旅行團，前者由埃武拉市區出發，沿公路N114向西直走、遇CM1075左轉、接Rua Principal直行Rua do Cromeleque即達，最後4公里路況欠佳，車程約30分；後者可參考「Tuk 2 You旅行社」（臉書帳號tuk2you）推出的2小時「巨石之旅」（Tour Megalítico）旅行團，每人收費€50，透過網路直接報名。

第一次自駕BMW就上手

自從興起探環狀列石的念頭，便有了自駕的心理準備，雖然只有短短12小時，

1.沒開過寶馬也看過寶馬被開
2.埃武拉市區便可見環狀列石景點指標
3.葡萄牙境內多採自助加油
4.油箱蓋上會標示適合的油種
5.行駛高速公路，via verde省時省心

但考量行程安排，得由埃武拉經法蒂瑪、阿威羅至波爾圖，全程超過450公里，說毫無懼色絕對是假。上午九點，持網路訂購單至城外西南的「Europcar」取車，俐落阿姨迅速將我的護照、台灣駕照、國際駕照等攤在桌面逐一核對，再取出資料夾內的文件仔細登記。趁她抬頭歸還證件的空檔，我趕緊把握時間問：「會開高速公路是不是可以租『via verde』？（類似台灣ETC的電子收費系統）。」阿姨點頭：「沒問題，車上都有裝，會從妳的信用卡直接扣款。」

經過約10分鐘的文書作業，阿姨一手夾著文件、一手抓鑰匙走往門口人行道，上面斜停著一輛黑色BMW，她邊不甚熟練地使用遙控器邊喃喃自語，內容疑似是「咦？按這顆不對嗎？」隨後，大家一同快速（照道理應該慢慢看，但人在現場完全被牽著鼻子走）檢查車體，只見阿姨在繪製車體的紙本上打勾作記號，徹底沉浸在公司的標準作業程序裡。「還

有什麼問題嗎？」她的問句中帶有「妳們應該沒問題」的氣勢，我卻難得堅強起來：「請問油箱蓋怎麼開？要加什麼油？綠或黑？（西葡均以顏色分類，綠是汽油Gasolina、黑為柴油Gasóleo」未料，這個稱不上艱難的題目，竟讓一向流暢的阿姨頓了幾秒，她思索片刻再稍微摸索後爽朗答：「直接拉蓋就開了，至於油是什麼顏色嘛……可能是綠色吧！」後話是，真正加油時，我們赫然發現油箱蓋上寫得是Gasóleo，經加油站小哥打包票確認，是加黑色的柴油而非綠色的汽油。當然，這場驚心小插曲源自我應該以Gasolina、Gasóleo詢問阿姨，而非綠或黑，更重要的是，加油前的再次確認（通常油箱蓋或附近都會標明），以免因加錯油導致洗油箱、傷引擎的悲劇。回到取車當下，阿姨說完該說的便揮手道別，「倒車，在這四面停滿、前有來車而且凹凸不平的人行道上！」人生第一次BMW就在如此倉促又惶恐的情況下展開～

雖說國外開車非首次，但相較之前沖繩的中文導航＋遵守規矩＋號誌清晰，此地除了同屬左駕的優勢，其餘單行道多、圓環多、車速快種種人生地不熟，在在都是挑戰。「唉唷，妳不錯嘛！」面對旅伴略帶揶揄的真誠讚賞，乍踩BMW油門的我頭殼燒歸燒，還是要勉強自己堅強起來……說來家鄉練功十餘年，「路上功夫」紮紮實實，豈有第一次不上手的道理！

info

西葡自駕注意要點

1. 攜帶本國駕照：取車時，國際駕照與台灣駕照需一併出示，否則無效。
2. 自動排檔優先：礙於當地坡多駕駛不易，如平日少開手排檔（manual transmission），請選擇價格稍貴但順手的自動排檔（automatic transmission）。
3. 加油採自助式：油價較台灣略高（汽油€1.4～1.5、柴油€1.2～1.3），油除了普通的Simples等級，也有價格稍貴的升級版（類似95和95+的差別）。
4. 高速路收費高：過路費是台灣3倍以上，裝設via verde省時省心。
5. 超車道勿佔用：高速公路內側為超車專用道，超車後即駛離，切勿當一般車道行駛。
6. 遵守禮讓原則：行駛圓環，外圈車務必禮讓內圈車；行至無號誌斑馬線，汽車一律禮讓行人。

立石與橡樹

通往環狀列石的道路可以用「越來越土」形容，從最初乾乾淨淨的綠蔭雙向道（N114），左轉進人煙稀少的鄉間小路（CM1075)，再循指標接往石礫沙塵遮天的產業小徑⋯⋯儘管全程走的都是Google Maps登記有案的「人間道」，卻很有誤闖冒險奪寶電影〈法櫃奇兵〉片廠的錯覺。通往環狀列石途中，先行經與其關係密切的阿爾門德雷斯巨石（Menir dos Almendres），「再2.5公里就到了！」我欣慰一切都按照地圖記載發生，否則我們兩個老外人生地不熟，怎麼找得到土堆裡的大石頭？

「阿娘喂，終於到了！」偌大的景區停車場

1. 杳無人煙的赫赫景區
2. 軟木橡樹倒更吸人目光

（正確地說是一片光禿禿的土地）含我們家B仔只有兩台車，而通往環狀列石的最後一哩路，則是條兩側架有矮鐵絲網、僅供人行的100公尺土徑。景區內，花崗岩材質的立石群圍出一個面積約30×60公尺的橢圓形陣式，正因未抱太高期待，見到環狀列石的瞬間反而萌生「沒有白來」的讚嘆！除了立石身世成謎，少數石面還可見刻有螺旋圓圈圖樣、用意不明的特殊符號，我們依循現場指示牌上繪製的位置仔細比對，終於找到非常微弱的印記，令人好奇，在如此無任何保護的自然風化下，還能撐過幾個世紀？

對比成因不可思議的立石，圍繞著它們的軟木橡樹（Cork Oak，學名西班牙栓皮櫟）同樣不遑多讓，其實環狀列石就位於私人橡樹園內，為免遊客誤闖，便在周圍設置鐵絲網。「這就是軟木塞的原形！」被層層剝皮的樹幹上寫有記號，附近也有成堆正在晒乾的樹皮，雖說葡萄牙是首屈一指的軟木大國，但能與如此大規模的軟木橡樹群打照面，仍是可遇不可求的難得機緣。

羊腸曲徑石敢當

如果說人生是一條佈滿荊棘的崎嶇小徑，那麼通往阿爾門德雷斯巨石的步道，肯定能讓您邊走邊有深刻體悟……步道約莫長300公尺（體感

1.若非指標言之鑿鑿，誰知這裡有蹊蹺！
2.土路小徑通往神祕巨石
3.賞石之旅終點站——阿爾門德雷斯巨石

距離至少1公里），兩側除了比人高的鐵絲網，就是亂竄帶刺的雜草與

野花，上半身披荊斬棘之餘，下半身還得當心冷不防地踩空或絆腳，

稱是步步驚心也不誇張。旅伴與我一後一前以路隊方式謹慎前行，偶

遇對面來人，就得停下腳步、小心翼翼地錯身而過，由於當時自覺已

走了好一陣，忍不住詢問迎面而來、雙手各持一枝登山杖的運動型中

年婦女：「還很遠嗎？」她苦笑：「就不遠了！」

阿爾門德雷斯巨石是一顆高4公尺的子彈型立石，與環狀列石處在同一

條冬至線上，有趣的是，兩者間不只存在神祕未解的關係，如今也都

一樣身陷在私人軟木橡樹園中。「哇！終於到了，就是它啊！」我想

巨石自成為觀光景點後，應該聽遍各種語言的相仿台詞，語出此言並

非輕蔑，僅僅想到歸途漫漫的真情感慨而已。

「不會吧？用走的！」駕寶馬離開時，驚見數組以健行方式前往阿爾

門德雷斯巨石與環狀列石的旅人，他們膚色發紅、雙脣緊閉、神情專

注，推估已走了幾個鐘頭。我從後照鏡望著迅速消逝的背影，腦中很

貼切地自動播放金智娟的「飄洋過海來看你」——我們用半年積蓄飄

洋過海，他們在漫天風沙踏破鐵鞋……真是意想不到的情歌新解。

波爾圖煮食小日子
旅人的異鄉廚房

入住波爾圖9.5分超高評價的「波-阿爾馬達340公寓」（BO - Almada 340）時，身形健美的闆娘踏著輕盈步伐帶領氣喘吁吁的我們上樓，推開門，陽光灑在木質地板與灰色地毯間，乾淨明亮的廚房、寬廣舒適的客廳，活脫脫是出現在IKEA雜誌裡的理想家居空間。與此同時，闆娘飛快地介紹房內的豐富設備，諸如：整齊收納在櫥櫃內的鍋碗瓢盆、各式玻璃杯、刀叉等廚房用具，以及四口電爐與簡單調味料，不僅如此，還有供住客免費喝一輪的膠囊咖啡與即開即用的智慧型手機。流暢介紹完畢，她笑容燦爛地表示有任何疑問可隨時致電詢問，然後真誠地看著我們：「總之，這裡就是妳們的家了！」

對於兩位平日愛下廚且思念家鄉味的婦女，「當家」的第一步當然是「洗手作羹湯」！我

1.哇！這裡竟是我們家
2.公寓門面簡約低調到差點兒找不到
3.爐台餐具調味料一應俱全

們立馬衝至轉角的Minipreço超級市場瘋狂掃

貨，從生牛排、半成品肉丸子、生菜、節瓜、

蘑菇到巴薩米克醋、初榨橄欖油、番茄醬、極

便宜紅酒（一大瓶才€1.5，這還不是最低價）

等，裝了沉甸甸兩袋。回到家，疲憊身心因重

拾鍋鏟而瞬間點燃鬥志，我倆各據一方或洗或

切或煎或炒，不到1小時便端上蘑菇香煎義式肉

丸、菲力牛排佐節瓜、酸甜風炒時蔬與高麗菜

肉丸子番茄蛋包湯——三菜一湯的豪華成果。

「雖然是A＋B、B＋C、A＋C的反覆組合，但

調味有確實做出區別！」旅伴的評論一向理性

又精準，此次也不例外。

隔一日，在我主導下的不理性大量補貨後，造

就比之前更進階的反覆組合加強版——鹽味蘑菇

炒節瓜、巴塞米克醋炒番茄節瓜蘑菇、培根香

煎青花菜、檸檬風青花菜起司番茄沙拉……看

4.橄欖油＋番茄＝少婦的南歐廚房
5.電爐雖好用但油花四濺不易清
6.蘑菇節瓜番茄燴義大利陳醋
7.香煎牛排佐節瓜

到這裡，認識粟子小姐的朋友肯定會問：「肉呢？」身為「愛肉肉團」的我當然不可能只有培根一味，在紅酒價格低廉的推波助瀾下，一大鍋的紅酒燉牛肉堂堂駕臨！「吃到比吃吃到飽還飽。」旅伴撫肚嘆息，一切都是「把這裡當家」惹得禍？！

煮食生活中最辛苦的正是「收拾乾淨」，廚房雖有抽油煙機，但煎肉時逼出的油花與熱炒時飛射的油點，卻不長眼地四處噴射。在這種情況下，單單用抹布與紙擦是不夠的，必須出動熱水、清潔劑反覆「擼」，才能真正洗去油膩。「唉呀，怎麼好意思呢？」有菜同炒的我竟在善後時落跑，旅伴苦笑：「本來就是我比較會刷洗，妳安心去洗自己吧！」事實是，每當我已洗好自己，旅伴仍持續與油膩膩格鬥……於是，到了第三天，我們改以涼拌冷食取代煎炒熱食，畢竟維持家居乾淨的最好辦法，就是別再弄髒它。

肉丸子佐蘑菇

滿滿一桌真的只有兩個人吃

塔的單行道
聖家堂的便祕與教士塔的追兵

呼和浩特白塔、西安小雁塔、澳門旅遊塔、東京鐵
塔、巴黎艾菲爾鐵塔……回顧人生上過的塔，有自
己爬、有電梯運、有氣喘吁吁、有驚心動魄、有人
潮洶湧、有門可羅雀，關於塔的（痛苦）記憶總是
非常鮮明。回首整趟西葡行，亦不乏爬上爬下的機
會，其中最令我畏懼的，就屬塔身高、樓梯窄的箇
中極品，每每與其交手，都得有雙腿報銷的覺悟。
除了肉體折磨，精神也得處在緊繃狀態，當心步伐

1.親身體驗聖家堂的塔裡塔外
2.邊走邊拍不塞梯也難

以免扭傷摔倒之餘，更需留意周圍狀況，避免成為堵塞走道的罪魁禍
首。總之，想當一名得體的「塔裡女人」還真不易吶！

堵住樓梯的男子

為如願參觀聖家堂（Sagrada Família），早早便透過網路預訂門票及登
「誕生立面」（Façana del Naix ement）的時段，朝聖當日，也早早依
循指示排隊驗票過安檢，此後數小時，就是待在教堂不同位置，欣賞
高深莫測的光影變幻與讚嘆高第（Antoni Gaudí i Cornet）有如天眼通
般的神設計。10:10，我們提早20分鐘至登「誕生立面」等候區排隊，
由於即將搭乘的電梯空間狹小，除極貼身的細軟，其餘後背包、手提
袋等都需另外寄存，附帶一提，排隊處設置多款不同尺寸的付費寄物

1.細膩繁複的誕生立面
2.穿梭電梯容量迷你
3.立面風光好，只是易塞車
4.男子拍到忘我的螺旋梯
5.聖家堂內光影變幻非照片所能記

櫃。類似科幻片裡圓筒造型的穿梭電梯，由一位神情嚴肅的絡腮鬍男士管控，含他在內，一批次約莫運送5、6位乘客。相較觀光客的滿心期待，每日穿梭於教堂地面與誕生立面的電梯先生，從頭到尾冰著一張臉，說實話，得不間斷地擠進沙丁魚般的密閉電梯，著實不是個令人身心愉悅的工作。

來到立面上端，視野在世界遺產與建築工地間不斷切換，同班抵達的「梯友」皆進入猛拍模式，不是將鏡頭伸出鐵絲網，就是如狗仔般高舉相機。數分鐘後，另批觀光客下電梯，自覺已「拍足拍夠」的我倆順勢讓位，循單向行進的窄小通道往前，不一會兒，就趕上前班電梯的落後者（正確地說，是對角度講究異常的攝影發燒友）。「唉，又堵住了。」徒步回到教堂地面的過程中，僅一人寬的螺旋石梯經常塞車，偶爾等候本無可厚非，令人不耐的是「一步一快門」或不停地檢視與重拍，跟在後方的「整串肉粽」無法後退亦不能超越，只能靜待「專驗攝影師」自願移動尊駕。

本以為步入無窗無景的純樓梯路段，就可順順往下，未料卻陷入更嚴重的卡卡狀態。年輕情侶為拍攝空無一人或只有女友一人（往下探或向上仰）的螺旋梯畫面，刻意與前方人流拉開距離……與我們同病相憐的一對白髮阿嬤無奈苦笑，誰叫人家就快那麼一步！？隊伍在情侶檔的任性下嚴重便祕，他們雖有意加快腳步，卻只是從走一步拍三張

變成走三步拍一張。地面將至，自覺已壓抑許久

（實際上頂多1分鐘）的情侶檔男友突然停住，以

觀景窗緊貼眼球的專業造型對著樓梯上上下下猛拍

一陣，此舉點燃已瀕爆炸的我，忍不住以母語埋怨：「是夠了沒！」

儘管在場無人明白亞洲婦女到底說了什麼，但肯定有傳遞出那份不分

國籍的怒氣。數秒後，遠處傳來雲淡風輕的「Sorry～」，竟奇蹟般地

瞬間澆熄一肚子火……畢竟一生能有幾次登「誕生立面」，想多拍照

也是無可厚非，我實在不應如此義憤填膺森七七～

info

聖家堂
地址｜Carrer de Mallorca, 401, 08013 Barcelona
時間｜4月至9月09:00～20:00、3月09:00～19:00、11月至隔年2月09:00～18:00
票價｜門票＋立面（誕生or受難）＋語音導覽€29
交通｜Sagrada Família地鐵站即達
簡介｜1882年動工，1年後由當時年僅31歲的高第接手，建築以動植物型態為藍本設計，帶有強烈自然色彩。教堂共有3個立面，分別為高第在世時已建成的東側「誕生立面」，同樣開放參觀的西側「受難立面」（Façana de la Passió），以及工程中的南側「榮耀立面」（Façana de la Glòria），每個立面有12座塔樓，象徵耶穌的十二門徒，預計2026年（高第逝世百周年）完工。
網站｜www.sagradafamilia.org（可直接購買與列印門票，請比預定時間提早半小時前往）

被迫爬塔的女人

沒有親身體驗的「數字」，往往只是不具感情的計量，譬如：曾長時

間盤據「葡國最高建築物」的教士塔（Torre dos Clérigos），塔高75公

尺，從底爬至頂有多達225階……「兩百、又沒有上千，OK的啦～（搖頭聳肩）」我仗著自己平日偶有健行一派輕鬆，旅伴雖然出發前膝蓋微恙，但在連日的操練下也越發堅強。當時的我們並不知道，這乍聽小菜一碟的「數字」，竟演變成腿將軟、肺快炸的老鷹抓小雞實境秀。

行程順利跑完的傍晚，所在位置恰巧與教士塔、教士堂（Igreja dos Clérigos）十分接近，尚有幾分餘力的我們索性趁勝追擊。從側面的入口進入售票櫃檯，循指標引導直接轉進極富歷史感的石材階梯，階寬只夠一人通行，會人（與人交會而過）或超人（後者超越前者）都需在轉彎處等待閃避，否則就是陷入「黑羊與白羊」的卡住窘境。「該不會『已經開始』爬教士塔了吧？！」最初幾層還有平台與教士堂相連（但以上鎖玻璃門隔開），之後便是如「擠冰淇淋」般的不斷上升。約莫十一、二層時，膝蓋發出哀鳴的旅伴眼見自己速度越來越慢、後方追兵越逼越

1.位於波爾圖市內小丘上的教士堂＋教士塔
2.塔高75公尺之爬了才知苦
3.假借拍照之名的中場喘息
4.面色慘白賞塔頂美景
5.教士堂
6.堂內裝飾華美細膩
7.只有旅伴見著的台北101

近，作出「自行了斷」的悲壯決定：「妳先走，不要等我！」

「我的媽啊，在累了一整天的情況下爬高塔，會出人命吶！」經歷一番無法言喻的艱辛，伴隨汗水與痠痛的黑暗迴旋即將隨著陽光的出現宣告終結……了嗎？在能夠360度眺望市區全景的細窄走道繞一圈，才發現，制高點竟然並不在此，因為平台之上還有平台！此時的我，已全然體悟日語中的「放心狀態」（即精神恍惚），全身機能只剩下心在跳、腿在動，如此「行屍走肉」地又撐了幾層，才真正的抵達教士塔頂。「完全動不了！」塔頂走道僅容一人站立，無論身在何處都得有時時與陌生人「擦身」而過的心理準備，我一生懸命努力向前擠，無奈氣力暫時放盡，只得卡在二分之一處拍照兼調息。就在此時，突然感覺遠處有熟悉人影擺動，定睛一看，竟然是面色慘白的旅伴……

「一切都得感謝這群少年仔。」賞罰分明的旅伴毫無懸念地將「成功登塔」的壯舉，歸功於四位不停打鬧的亞美利堅青年。會這麼說，倒不是對方真有出手相助，而是……「他們不斷追逼上來，我想躲沒處躲，只有搏命往前爬！」旅伴一語道破後有追兵的恐怖，石階放大的咚咚腳步與嬉鬧聲猶如大白鯊登場的序曲，在在告誡她即將成為造成雪山隧道大堵塞的龜速禍首，基於不想給旁人造成麻煩的孬種個性，只得使出吃奶力量往前奔！小插曲是，旅伴在爬上第二平台時也同樣萌生「終於到了」的錯覺，而驚覺殘酷事實（還有樓梯往上）的第一

時間，也差點厥了過去！

「妳有找到教士塔上的101吧！」台灣的國際新聞少得可憐，關於葡萄牙更是罕見（即使嚴重森林大火也只得30秒畫面），偶有一則登上媒體版面，竟也與兩岸的複雜關係糾纏一團。故事源於，教士塔頂將國際知名的高樓建物逐一繪製並標明高度，一位留法的中國女孩偶然發現台北101下方「Taipé China」中的「China」被塗銷，在愛國心的驅使下，她便用筆將其補上……行動引發熱議之餘，亦使教士塔上有刻101的事聲名大噪，難得造訪，自不該錯過這熟悉的「台灣味」。

「啊！竟然忘了！」旅伴談及此事時，我們已坐在教士堂內歇腿。見我既惱又恨卻無力回天，她淡淡地遞上相機：「喏，我有。」剎那間，仗著腳骨卡好而搶先登頂的粟子，完全變成龜兔賽跑中先盛後衰的兔子。

info

教士堂＋教士塔
地址｜R. de São Filipe de Nery, 4050-546 Porto
時間｜09:00～19:00
票價｜登塔＋教堂€4
交通｜São Bento地鐵站以西400公尺
簡介｜兩者陸續於18世紀中建成，屬巴洛克風格，堂內裝飾華美、氣氛莊嚴寧靜；而全市可見的教士塔，更是波爾圖最具代表性的建築。

地址

心靈支柱＋藝術聖殿
這些教堂不一般

來到天主教國家，一日探訪六、七座教堂稀鬆平常，雖然建築、格局各具特色，但由於形式不脫離羅馬式、哥德式、巴洛克式與曼努埃爾式，數量多了難免混為一談（畢竟我已三十好幾）。一團迷霧中，卻有三個不一般的畫面格外清晰——烏雲籠罩的咆哮山莊、烈日直射的顯靈福地與細雨朦朧的之字階梯……感謝天主，我的腦力還行嘛！

咆哮山莊反差萌

天色變幻莫測、漫天飛沙走石、狂風恣意奔馳、布幔

1.葡萄牙民眾多為虔誠的天主教徒
2.描述聖經故事的彩繪玻璃

凌空亂舞、油漆脫落斑駁、窗戶玻璃破裂……與主耶穌石聖殿（Santuario do Senhor Jesus da Pedra）的第一眼接觸可謂電影感十足，這座獨自矗立在奧比多斯古城東北方的六角形巴洛克式教堂，不僅造型特出，風蕭蕭兮的滄涼氣質更是一絕。由於聖殿地處城郊、人跡罕至，雖距離古城觀光區不過六、七百公尺（沿聯外道路N114/N8步行，無人行道須留意車輛），卻是徹頭徹尾的一熱一冷「兩個世界」。造訪教堂的午後，聖殿前的寬廣沙地上只停了兩台車，一輛屬於專程到此一探的自駕觀光客，另一輛則是載小孫子到這裡踢球的阿公阿嬤，其餘一片

1.孤立在奧比多斯城外的主耶穌石聖殿
2.堂內祭壇相對簡約
3.石製十字架刻有簡易的耶穌形象，十分罕見
4.堂內附設溫馨販賣部
5.飛砂走石更顯咆哮美感

蕭瑟。聖殿中央高聳厚重的木門隨興半掩，激似驚悚片開頭的詭異寧靜，旅伴與我躊躇了好一陣才敢「侵門踏戶」，本以為堂內頹圮破舊甚至還有幾分陰森鬼魅，沒想到裡面卻是別有洞天。

不同於外在的亟待修護，聖殿內部清爽整潔、樸素厚實，祈福燭光雖不若各地主教座堂那般鼎盛，倒也照亮教堂一隅，看顧教堂兼販售蠟燭、明信片的老婦順手編織毛線，彷彿在自家客廳般愜意安穩。繞至教堂另一側，才知聖殿不是孤立於此，一街之隔就有一個機能完整聚落，鄰近的「石先生咖啡吧」（Senhor da Pedra／Cafe Snack Bar）還是一間人氣頗旺的家庭小館。不僅如此，建築後方也築起層層鋼架，在淒風細雨中開展修復工作……也許下回來，屋頂已修、玻璃已換、油漆已補，便難再是這般令人震撼的咆哮光景。

info

地址

主耶穌石聖殿（奧比多斯）
地址｜Largo do Santuário, 2510 Óbidos
時間｜夏季09:30～12:30、14:30～19:00；冬季09:30～12:30、14:30～17:00
簡介｜聖殿的主祭壇並非常見的耶穌受難聖像，而是一塊耶穌受難十字架的象形石碑，據傳在18世紀上半，奧比多斯周圍遭逢嚴重旱災，農夫們在膜拜「主耶穌石」後迎來甘霖神蹟，不久便在國王的資助下建堂還願。

1.法蒂瑪天主聖三教堂　　　4.造訪時正巧遇上聖母顯靈100年
2.園區內的大型宗教裝飾藝術　5.法蒂瑪的聖物專賣店
3.焚燒蠟燭祈福區人潮絡繹

聖母顯靈100年

位於葡國中部的城鎮法蒂瑪，因1917年連續發生的「聖母顯靈」奇蹟聲名遠播，2017年適逢百年紀念，便趁自駕往北（埃武拉→波爾圖）時機順道一繞，一睹聖地面貌。必須事先坦承的是，雖自幼受洗為天主教徒，會劃十字、唸經祈禱、對天主聖母懷抱崇敬，但不可諱言，首次耳聞這「言之鑿鑿」的顯靈時，內心仍是半信半疑，畢竟我尚未讀到足以説服自己「信以為真」的決定性證據。

沿高速公路A1至法蒂瑪交流道，循指標不到10分鐘便到達目的地，儘管停車場占地極廣，仍被絡繹不絕的車潮塞得滿滿。「哇！好似天主教版佛陀紀念館！」隨人流往朝聖地園區前進，首先入眼的是名列世界第六大、建於21世紀的法蒂瑪天主聖三教堂（Basílica da Santíssima Trindade），雖沒有動輒上百破千的歷史累積，卻飽含信徒的祝福——建堂所需的八千萬歐元巨資全來自朝聖者的捐贈。別於忙碌拍攝大型念珠、十字架等裝飾藝術的觀光客，信徒專心一意虔誠祝禱叩拜，體現人在形而下和形而上的不同渴求。繼續往前穿越廣場，就是1953年祝聖啟用的法蒂瑪聖母朝聖地（Santuário de Fátima），朝聖地為聖母瑪利亞向3名牧童顯現的區域（3牧童也長眠於此），大殿花窗玻璃描

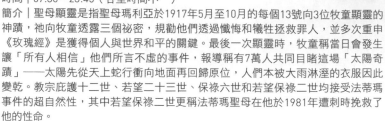

info

法蒂瑪朝聖地園區（法蒂瑪）
地址 | Av. de Dom José Alves Correia da Silva, 2496-908 Fátima
時間 | 07:30～23:45（各堂時間不一）
簡介 | 聖母顯靈是指聖母瑪利亞於1917年5月至10月的每個13號向3位牧童顯靈的神蹟，祂向牧童透露三個祕密，規勸他們透過懺悔和犧牲拯救罪人，並多次重申《玫瑰經》是獲得個人與世界和平的關鍵。最後一次顯靈時，牧童稱當日會發生讓「所有人相信」他們所言不虛的事件，報導稱有7萬人共同目睹這場「太陽奇蹟」──太陽先從天上蛇行衝向地面再回歸原位，人們本被大雨淋溼的衣服因此變乾。教宗庇護十二世、若望二十三世、保祿六世和若望保祿二世均接受法蒂瑪事件的超自然性，其中若望保祿二世更稱法蒂瑪聖母在他於1981年遭刺時挽救了他的性命。

繪顯靈的場景，一側的顯靈小堂（Capelinha das Aparições）不僅能參與現場彌撒，更可見聖母顯靈的確切位置──小堂後方的橡樹旁。

類似拜拜燒香的概念，造訪朝聖地的天主教徒也會拿著長短不定（有的比人還高）、造型不一（人頭或小童形狀）的白色蠟燭焚燒祈福。由於欲燒臘燭的信徒眾多，導致販售蠟燭的攤位時刻擠得水洩不通，好不容易蠟燭到手，又得到顯靈小堂旁的燃燒場排隊「等燒」，有耐性的可親手丟進火推裡「自燃」，來不及的就把蠟燭放在旁邊的塑膠箱內，每隔幾分鐘就有專人收去「代客焚燒」……終年不停燒臘燭的結果，致使周遭地面沾附著一層蠟油，陳垢染黑白地磚，鞋底踩過嘎嘎作響。

在法蒂瑪聖母（Nossa Senhora de Fátima）加持下，城鎮不僅終年遊人如織，亦衍生許多以聖母顯靈為主題的紀念品店，舉凡聖像、念珠、T恤、壁飾、鑰匙串應有盡有，賣者飽了荷包、買者滿足心靈，各得所需、各享其樂。其實，無論相不相信百年前的聖母顯靈，百年後人們對法蒂瑪聖母的堅定信仰，已是祂賜給當地最可貴的奇蹟。

神聖之路倒著走

凡到布拉加，必不會漏掉近郊的山上仁慈耶穌朝聖所（Santuário do Bom Jesus do Monte），如此盛名倒非教堂本身雕梁畫棟、框金包銀，而是為一睹通往教堂、層層疊疊的「神聖之路」——巴洛克式迴旋階梯。「總共600階？這可不是開玩笑！」雖說曲折樓梯可使朝聖者通過攀爬（傳統是雙膝跪地）體會耶穌受難的痛苦，但對兩個已經爬了無數坡（整個葡萄牙就是坡多）和塔（居高遠眺機會多如牛毛）的肉腳女而言，能偷則懶，於是一下公車，就直衝仁慈耶穌纜車（Elevador do Bom Jesus），一心靠著纜車一步登頂。「車在，人呢？」我們與一對同樣想搭纜車的熟齡夫婦在荒涼的站內面面相覷，就在「可能停駛」的不安達到高峰時，一位年約60的阿伯帶著淡淡醉意現身（如沒喝酒就是天生臉紅走路搖），邊伸手邊說：「一個

1.神聖之路層層迴旋、左右對稱
2.山上仁慈耶穌朝聖所
3.纜車駕駛員根據乘客多寡調控水量
4.眼睛噴水的畫面有點「嗯……」

人€1.2。」作為當今世上碩果僅存的「水平衡纜車系統」駕駛員，看似漫不經心的阿伯其實身懷絕技，纜車藉由水壓高低差產生的動力運行，駕駛得視乘客多寡將水注入高位車廂的儲水艙內，仰賴的正是多年累積的經驗。

「纜車真好！」不到4分鐘，便不費吹灰之力來到景區頂端的教堂，真是再省時省力不過。相較抄捷徑的觀光客，身形健美的本地運動咖則將「朝聖之路」視作「健身步道」，不是在樓梯間來回折返跑，就是於平台處大跳有氧操。為能端詳每層階梯的雕刻與仰望層層迴旋的景致，儘管明知下樓梯傷膝蓋（畢竟已是亞健康的年歲），但礙於纜車與「朝聖之路」兩條互不相見，只得小心翼翼踏上600階的向下之旅。

「朝聖之路」的各個階層平台皆有聖人雕塑與蘊意深遠的造型噴泉，其中分別象徵視覺、聽覺、嗅覺、味覺、觸覺的五感噴泉，泉水分別自眼、耳、鼻、口及手持壺中流出，則有淨化信徒心靈的含意。忙著應付樓梯與按快門的我倆根本無暇靜靜領悟，悶著頭狂走好一陣，再回首，已是令人震撼（連心靈101都搖起來）的壯觀一幕！由下往上望去，「朝聖之路＋教堂」的組合完全正中「對齊強迫症者」下懷，左右對稱看得人好生爽快～

「什麼？還沒結束啊！」旅伴本已微恙的膝蓋發出哀鳴，離開「朝聖之路」的我們卻仍在無止境地下階梯中掙扎，雖身處宛若阿里山的雲

霧森林間，卻滿腦子只想著盡快「落底為安」。「嘩！仲要爬咩？」似是來自香港的一家人看著連綿階梯滿臉錯愕，我們瞬間頓悟自己還有好長的下樓梯得走，而面色發白的他們還有更多的樓梯得上！

進教堂除了觀光，寬廣涼爽的堂內長椅，也是躲避伊比利烈陽與休養鐵腿的最佳喘息空間，如果時間允許，就會奢侈地在此靜養10分鐘，享受難得的放空片刻。「請保佑膝蓋快快恢復！」非教友的旅伴每入教堂必專心祈禱，不知是聖母瑪利亞出手相助，抑或堂內小憩舒緩疲憊，又或日日鍛鍊強化肌肉有成，總之天助自助者、雙腿安全過關。

info

山上仁慈耶穌朝聖所（布拉加）
地址 ｜ Estrada do Bom Jesus, 4715-261 Tenões
時間 ｜ 09:00～19:00
交通 ｜ 布拉加火車站前乘公車2號至終點站，經16站、車程約20分，單程票€1.65。

地址

倒著下也頗有成就感

教堂是身心靈的避暑勝地

味蕾思鄉病
穿越時空中餐館五部曲

儘管旅途中造訪的餐館多是網評高分的一時之選，但畢竟山珍海味仍不敵家鄉味，在身陷吃膩麵包＋橄欖油＋生火腿＋海鮮的無邊苦海時，中餐館便成為非去不可的充電站。回顧有幸交關的五間館子，不僅料理道道鑊氣足，裝潢也都屬以紅色為基底的中華風，彷彿重回那個古色古香（國畫屏風、題字匾額、厚實木椅、古典宮燈）與不忌重油重鹹（將健康取向拋到腦後）的民國七字頭年代。

特別的是，這些中餐館一律存在「黑漆漆」與「桌滿滿」的問題，讓習慣明亮清爽的我倆頗感困惑……「黑漆漆」是指即使已到營業時間，店家仍無意將燈打開（或只點亮一兩盞），整間店彷彿一個深不見底的黑洞，從外看來根本如歇業；「桌滿滿」則是放眼所及的桌面都整齊地擺妥刀叉、酒杯與大圓盤，這雖是延續當地飲食排場的入境隨俗，實際上並不符合華人的用餐習慣，導致才上兩道菜就面臨盤子無處可放的窘境。不過，撇開上述瑕不掩瑜的小毛病，這些出自道地華人之手的中菜，確是讓我恢復活力的大恩人。

1.葡國中餐館多走古意盎然的懷舊路線
2.朝思暮想的油騰騰糖醋肉
3.無論有無客人，每桌均擺妥全套餐具

1.一出辛特拉火車站便是紅通通的大福樓
2.春捲採油鍋直送，燙得要命！
3.炒飯重油鑊氣足
4.古老雞芡厚偏油

大福樓——春捲夾著上

位於辛特拉火車站對面的「大福樓」（Restaurante Chinês Da Fu Lou），擁有極佳地理位置，店內服務生與櫃檯收銀小姐的年齡約莫二、三十，而廚房內和烈火搏鬥的廚師則是俐落的中年人，從口音研判應是來自中國南方。晚餐時間，就在我們拔得頭籌不久，一組超過二十人的中國團浩蕩前來，「我不吃牛」、「給點兒醋」、「有海鮮炒飯麼」……此情此景，彷若回到萬公里外的華人世界。

「這是中文菜譜，等會兒再拿筷子來。」翻開因油膩而略略發黏的膠膜菜單，裡頭洋洋灑灑表列數頁、上百款中菜料理，繽紛花樣令已忍耐16天洋味的「餓女」，邊吞口水邊陷入選擇困難。整體而言，「大福樓」是採取「機關槍式家常菜」策略，從一種口味搭配各種肉類（辣子雞€5.05、辣子豬€5.15、辣子牛€5.25、辣子魚€5、辣子魷魚€6.05）、一種肉類的N種作法（蘑菇雞€5.35、波蘿雞€6.95、古老雞€5.35、蒜子雞€7.1、檸檬雞€5.25、腰果雞€6.25）到不明就裡耗油牛肉（確定是耗而不是蠔？）、鴨子鴨（鴨燒鴨嗎？）、蝦窩（難道是生菜蝦鬆？）、BITOQUE（經查指炸牛排）等，稱得上要辣有辣、愛炸有炸、好酸甜有酸甜的「油膩膩中菜遊樂園」。經過一番掙扎，最後還是一如往常地由我摯愛的古老肉（即糖醋里肌）、旅伴難以抗拒的

info

大福樓（辛特拉）
地址 ｜ Av. Dr. Miguel Bombarda 55, 2710-523 Sintra
時間 ｜ 12:00～15:00、18:00～23:00
人均 ｜ €10～€15。
周邊 ｜ 辛特拉火車站

地址

炒飯、重口味的辣子雞與酸辣湯，以及外國中餐館必備的春捲中選。

「大福樓」的菜色都有一定火候，師傅偏好勾薄芡以營造視覺的晶瑩

感，而最能看出功力的炒飯，除了稍油的缺憾外也是無可挑剔。料理

使人一解鄉愁之餘，餐館的服務同樣「中味」滿滿，沒有丁點廢話遲

疑，從點菜到送餐一氣呵成，其中最令我印象深刻的，就是春捲上桌

的瞬間⋯⋯「春捲來了，燙喔！哪一位的？」服務生小妹手持鐵夾，

自廚房送來剛出油鍋的酥脆春捲，努力壓抑的急切語氣與「我家牛

排」端熱騰騰鐵板的店員如出一轍。由於從未見過如此陣仗，我頓了

兩秒才趕緊舉手，再回神，春捲已將白淨圓盤染得油黃，輕輕用筷子

一壓，混和著肉汁與油滋的液體便如小溪般汩汩流出。用餐期間，經

常可見小妹夾著春捲滿場跑的身影，如此「油鍋直送」的高效率，難

怪每條春捲都燙得讓人沒法入口！

財源酒樓──鄧麗君＋李小龍

鄰近埃武拉古城牆的「財源酒樓」（Restaurante chiñes palácio

dourado），門面窄而腹地深，店內融入李小龍黃、招牌動作剪影為招

牌，播放音樂則是鄧麗君的名曲串燒。乍看再正統不過的中菜館，實際

卻以泛亞洲為目標，酸辣夠勁的東南亞菜與清爽簡約的日本料理都有供

應。「所以，櫃檯上孤零零的小糰子是握壽司？」摘下眼鏡的旅伴因視

info

財源酒樓（埃武拉）
地址 | R. do Raimundo 120, 7000-661 Évora
時間 | 12:00∼15:00、18:00∼23:00
人均 | €15∼€20
周邊 | 埃武拉古城牆

1.埃武拉古城內的中國味
2.蒜香牛肉質嫩到不思議
3.包菜雖油卻是人間美味
4.糖醋肉粒粒宛若油包
5.海鮮炒麵料多豐富

力模糊意外丟出直球，我照樣造句：「所以，蔥油餅到了馬可波羅手上就變披薩啦！」

「財源」的跑堂小哥均是埃武拉本地人，見兩個黑髮黃皮的亞洲婦女入內，自動將難題pass給中國籍女領班，她再以普通話將工作分派給身旁初來乍到的新人。未幾，一位態度認真的短髮小妹俐落送上中文菜單與筷子，而相形有點「油」的領班則在點菜時踩著三七步登場：「要點什麼？魚不錯、海鮮也滿好。」她一個勁地推銷高單價菜式，無奈我倆在選菜上已是老僧入定（千篇一律更適當），最終還是重口味的糖醋肉、蒜香牛、椒麻雞、手撕包菜與海鮮炒麵中選。不到10分鐘，料理全數上桌，正當我們專心大快朵頤，聲勢浩蕩的中國旅行團也魚貫入內。此時，只會說「謝謝」的跑堂小哥再度隱身幕後，形成「明明是人在國內的地頭蛇，反倒成了鴨子聽雷外國人」的妙趣現象。

1.中國老闆開的日本武士餐館？
2.超高CP值的亞洲料理吃到飽
3.本地客必拿的炸肉或炒麵
4.自夾生料的類蒙古烤肉區
5.盤上的中日友好

Samurai──中國人的生意腦

別於以中國或亞洲團為重點客群的點菜型中餐館，地處埃武拉老城區邊角的「Samurai」（日譯武士），則是經營在地客的吃到飽路線。不過，這間從店名、廣告海報到料理，處處洋溢日本風的大型自助餐廳，老闆卻是操大陸南方口音的中國人，得知我們來自台灣，他在百忙中仍不忘熱情招呼：「盡量吃，要吃飽喔。」

回顧整趟旅程，「Samurai」可謂CP值至高的一間，不僅有各式壽司、生魚片、中式熟菜（春捲、豬排、炒麵、炸蝦、糖醋肉），還有自配肉類、蔬菜、海鮮、麵條、辛香料再交由師傅現場爆炒的類蒙古烤肉。當然，上述菜色對活在「吃到飽大國」的台灣民眾來說，頂多是3.5顆星的中等粗飽水平，但情境放在料理相對單調且餐費動輒十餘歐元起跳的歐洲，絕對稱得上是「凡人賽貂蟬」！

「Samurai」的用餐區十分寬敞，幾乎是學生餐廳等級，對比街上人煙稀落，命運令人憂慮。沒

info

Samurai（埃武拉）
地址 | R. de Serpa Pinto 155, 7000-537 Évora
時間 | 12:00～15:00、19:00～23:00
人均 | 午餐€9.9、晚餐€12.9（飲料需另外加購）
周邊 | 埃武拉古城牆

想到，才一眨眼的功夫，我們周圍已坐滿熟門熟路的熟客，外帶區同樣應接不暇、熱鬧滾滾（只需花€6.5就能裝一個自選壽司便當），老闆果然有他的生存之道。眾饕客中，以一位二十出頭、姿態端莊的年輕小姐最具代表性，只見她將炒飯、炒麵雙拼堆得尖尖，於空隙塞滿淋著厚厚番茄醬的炸雞塊，挺直腰桿以刀叉優雅進食，此情此景，和用筷子猛夾生魚片的彎腰駝背台灣查某，確實是截然不同的「兩個世界」。

金龍酒家──姜太公話當年

「已經超過七點哩！」旅伴與我在越發寒冷的小公園蹲坐超過半小時，癡癡等待門面宛若古裝劇場景的「金樓酒家」（Restaurante Chinês King Long）亮燈營業，無奈店鋪內外一律漆黑，即使有人在外探頭探腦，依舊門窗緊閉。由於實在餓得厲害，我們鼓起勇氣嘗試入內……木門「伊呀」一聲推開的瞬間，頗有幾分鬼屋探險的懸疑況味。穿越歷史感十足的中國式大型屏風，就是多到難以計數的

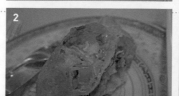
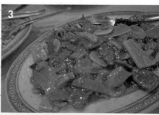

1.氣派而神祕的金龍酒家
2.擠出一盤油的美味春捲
3.蘑菇牛肉油亮油亮
4.甜到炸裂的特級海鮮炒飯

info

地址

金龍酒家（波爾圖）
地址｜Largo Dr. Tito Fontes 115, Porto, 4000-538, Porto, Porto,
Santo Ildefonso, 4000-060 Porto
時間｜12:00～15:00、19:00～23:00（周一休）
人均｜€15～€20
交通｜Trindade地鐵站東北100公尺
周邊｜聖靈教堂

桃木桌椅，容納十個旅行團也不成問題。

見兩個陌生人入內，原本忙著將每張桌子擺妥杯盤侍應生阿伯自遠處緩緩奔來（做出跑的模樣但速度等於走），他微笑示意「隨便坐」，我們卻陷入位子太多不知如何挑選的難題，最後隨便地選中距離櫃檯、入口各50公尺的正中央。「老闆夫婦貌似來自上海，現在已接近80歲，以前生意做得很大，在舊城區的店面遠大過這兒。」阿伯自述是土生土長波爾圖居民，雖在中餐館做了幾十年，卻始終只會「謝謝」、「你好」，遇到講中文的客人就靠寫在菜色名稱前頭的編號搞定，「妳們知道，中文很難的！」他滿面笑容放下中文菜單，到遠處將電視頻道調至中央電視台國際頻道CCTV4，再折回櫃檯旁邊摺餐巾邊觀察客人動態，停不了幾分鐘，又拿著紙筆前來點餐……如此腳不沾地的高移動量，無怪身材似肯德基爺爺的阿伯總是面色紅潤、氣喘吁吁。舉目所及，整間「金龍」只有阿伯與坐在深處櫃檯的老闆娘，當阿伯到廚房送單、端菜時，餐館就呈現空城計狀態，我們因此眼睜睜目睹兩組客人靜靜流失……說實話，光是有膽推開那道神祕門，便已十拿九穩會光顧，無奈「金龍」連這樣的客人都留不住，著實可惜的很！

「炒飯裡的蝦是我從未吃過的甜，鮮到爆！」旅伴講話一向實在且一生愛蝦懂蝦，會出此言肯定半點不虛，其餘古老肉€7.8、蘑菇牛肉€8.5

1.隱身托雷多古城的鑽石酒樓
2.料理份量少且調味不明
3.賣相不錯但口味一般
4.酸甜控也搖頭的羊屎球里肌

和春捲€2,除了油量下手較重,亦無可挑剔。阿伯見我們十分滿意,一面欣慰:「老闆手藝很好,我以前聽很多中國客人說,就是在中國也吃不到呢!」已戒掉喝酸甜醬汁多年的我,更在今日破例開懷暢飲,一湯匙古老肉汁配一大口炒飯的不怕肥邪惡式過癮,行徑宛若大胃王木下佑香上身……續集是,過分放任攝取油膩的結果,就是隔日腸胃陷入苦戰,只得暫時清心寡慾、認命「瀉」罪!

鑽石酒樓──一個「合作有間」的概念

「妳們要的青椒肉絲是牛還是豬?還有海鮮炒麵、魚香肉絲、糖醋里肌,沒錯吧!」中國籍廚師拿著點菜單直接確認,負責外場的黑人小哥顯得有些困窘,儘管他已按照菜單上的編碼回報,卻因為漏問肉的種類而功虧一簣。位在托雷多主教座堂附近的「鑽石酒樓」(Restaurante Chino Diamante),是光顧的五間中餐館裡規模最小的一個,店內僅廚師、跑堂

各一名，雖然各自手腳俐落，但彼此溝通常有落差，「黑人問號」滿天飛，致使一手粉、滿頭汗的廚師時不時得親自向客人面對面確認。

「鑽石酒樓」的料理水平一般，調味濃重且用料普通，其中狀似羊屎球的糖醋里肌€5.25尤其明顯，無洋蔥、番茄搭配也就罷了，肉團本身既硬又柴、粉漿厚，就是我這等盲目的酸甜口味支持者，也不禁搖頭嘆息。熱炒飛速上桌的同時，小哥也忙著「把冷飯弄熱」，甫離開微波爐的瓷碗與白飯都燙到一個極致，摸不得、吃不了，堪稱此行最難入口的一碗飯。

info

鑽石酒樓（托雷多）
地址｜ Calle Nuncio Viejo, 3, 45002 Toledo
時間｜ 12:00～16:15、19:30～23:45
人均｜ €10～€15
周邊｜ 托雷多主教座堂

地址

這些生存於國外的中餐館，對我們這群偶然造訪的遊客而言，就是「一群長期離鄉背井的人提供一群短期離家背景的人」的家鄉味。由於掌廚者仍保留早年習藝時的「手路」，使料理猶如中菜活化石，將習慣少油少鹽的味蕾，帶回兒時初上館子的香濃記憶。所以，我收回「到國外還吃中菜太荒唐」的弱智宣言，因為姐在這兒吃到的不只是中菜，還包括永不復返的童年時光。

我的腹女食袋
那些年我們上的館子

旅行不只苦其心志、勞其筋骨、空乏其身,亦是一場脱離舒適圈的腸

胃冒險之旅,途中可能嘗到甜頭、可能吃盡苦頭、可能回味無窮、可

能難以下嚥⋯⋯即使網路評價讚聲如潮,也不保證能百分百無雷而

退。作為一位專業的田野調查饕客,無論任何食物都是寧願吃錯不願

錯過,才會造就這連串令人拍案叫絕的(國)外(餐)館之旅。

只有兩個人

「是人未到?還是生意差!」12點出頭,榮登奧比多斯餐廳類評比冠

軍的「拉米羅的新家(A Nova Casa De Ramiro)竟然滿室空位,著標

準侍者制服、梳一絲不苟油頭的酷面小哥一派優雅指引入座後,便回

頭繼續手邊擦拭酒杯的工作,令人不禁擔心:「擦這麼多,是有人用

嗎?」餐館以暖色系為主軸,環顧四周盡是燭台、酒櫃、吊燈、壁爐

等復古素材,身在其中彷彿回到歐洲中古世紀,唯一不搭調的,就是

額頭滲汗、略感不安的兩個現代台灣人。「可以試試雙人份的肋眼牛

排,非常多汁美味。」擔綱點餐重任的開朗姐姐推估是小哥的主管或

前輩,處事簡潔有力,在我們點妥橄欖油蒜香明蝦後的頓點,適時出

聲推薦,恰巧此招對無主見、萬事好又熱愛肉的人類格外有效,旅

1.腹女的自製西班牙風簡約餐
2.在聖城放縱享用超大海鮮盤

1.位在奧比多斯古城區內的拉米羅
2.氛圍高雅而我倆「汗顏」
3.沙拉與湯皆屬上乘
4.炫富的拍照良伴──大明蝦
5.牛排鮮嫩此生罕見

伴與我點頭如搗蒜：「雙人份牛排剛剛好，好啊、好啊。」

麵包、煙燻鮭魚前菜表現正常，而重頭戲之一的明蝦則是個頭大、肉緊實、調味恰好，整體無懈可擊。邊入口邊讚賞的同時，作為一位熱愛分享（還是引人妒恨）的現代人，也未忘記拍照打卡的要務……就在我們沉溺於「粟子＋明蝦」、「旅伴＋明蝦」的個別組合時，遠處觀察多時的酷面小哥竟含笑走來，自動表示可幫忙與明蝦拍張團圓照。令人感動的是，如此貼心善意不僅一次，牛排登場時也是依樣畫葫蘆，讓我們能夠有憑有據地向家鄉親朋炫耀：「自己吃得那麼好又多！」

牛排未來前，當時腹內已六分飽的我仍一臉輕鬆：「不就是一塊肉，雙份頂多兩塊，似豆子投大海。」然而，當厚重如花器的橢圓巨盤盛滿切片牛肉、蔬菜與馬鈴薯片騰騰現身，咱們才知即將「大」難臨頭。雖說是「難」，但其實食物本身美味到炸！牛排鮮嫩又飽含香氣，

info

拉米羅的新家（奧比多斯）
地址 │ R. Porta do Vale 12, 2510-053 Óbidos
時間 │ 12:00～16:00、19:00～23:00（周日休）
人均 │ €30～€40
周邊 │ 奧比多斯古城牆

薯片外酥脆內綿密，至於油亮亮的烤蔬菜更是豔驚四座，讓「求菜若

渴」的旅伴大受感動，不顧腹部腫脹迅速掃光。此時，正忙碌接待新

客的開朗姐姐特地抽空前來：「牛排滿意嗎？蔬菜還需要嗎？」一向

不麻煩人的旅伴竟毫不扭捏地大肆點頭，於是，20分鐘後（真的從頭

烤起？），以蘆筍瓷盤盛裝的紅蘿蔔、大黃瓜、青花菜滿滿一碟⋯⋯

「她是不是忘記我們只有兩個人！」旅伴與我頭殼摸著燒，只恨自己

是空有大身軀的鳥仔胃。

媽媽，我在吃生的肥豬肉

得知埃武拉有間擅炸的「納爾多餐館」（Tábua do Naldo），號稱從蔬

菜、海鮮到肉類一律裹上特製粉投入油鍋，身為熱愛炸物的女人，當

然不可能錯過。餐館裝潢走美式鄉村風，木質桌椅粗獷復古，服務人

員訓練有素、精神抖擻，店

內洋溢毫不拖泥帶水的明快

風格。點餐時，我將旅行計

畫書翻至印有「想吃餐點」

1.走美式鄉村風的納爾多炸炸屋
2.學老外之麵包沾橄欖油
3.被生肥豬肉嚴重搶戲的鮮嫩牛排
4.厚片生肥豬肉考驗我對肥豬肉的愛！

info

納爾多餐館（埃武拉）
地址｜R. de Machede 19, 7000-647 Évora
時間｜12:30～15:00、19:00～23:00（周二休）
人均｜€20～€30
周邊｜埃武拉主教座堂

地址

的截圖頁面，「這道是季節餐點，現在沒有供應，其餘的前菜都有包含，兩人份嗎？」對菜色瞭若指掌的跑堂小姐，兩三下便將客人的願望「一盤達成」。

番茄冷湯、水煮蛋沙拉、兩種起司、火腿、薩拉米（Salami）、鹹塔、炸蔬菜餅……擺滿木砧板的食物拼盤上桌，已有餓感的我倆迅速開吃，「口味不錯，可惜樣樣涼吱吱。」雖明知前菜該冷，但炸物著實還是熱騰騰的好。一陣「妳一個、我一個」的公平分享後，砧板上僅剩下數片的薩拉米，年紀稍輕的我決定向聖賢看齊：「昔有孔融讓梨，今有粟子讓肉，薩拉米就請您老安心獨享吧！」毫無喜色的旅伴一語道破：「妳這是百分之百的司馬昭之心，此薩拉米切片並非常見的薄如蟬翼，而是前所未有的肥厚款式，越嚼越發噁心～」話雖如此，基於不喜浪費食物的性情，旅伴最終還是逼著自己將其逐片服下，每吃一口便悲鳴一聲：「媽媽，從小您教我吃生豬肉會得病，但我現在在葡萄牙吃生的肥豬肉啊！」

豬腳頭上一把刀

長在擅長烹製豬腳料理的台灣，舉凡清燉、紅燒、白濁、滷煮、油炸……烹調手法變化萬千，滋味、口感各有擅場。很難想像如此被慣壞的味蕾，仍會被波爾圖老派葡國菜餐館「安圖內斯餐館」

1.巷弄內的安圖內斯深獲在地饕客支持
2.蒜香麵包熱酥脆
3.柴燒豬腳真功夫
4.平日開店不足30分已告客滿

（Antunes）的柴烤豬腳（Pernil Assado no Forno）所震撼。看來，在通往食神的路上，我的「吃識」還太嫩太少！

「今天不供應豬下水，推薦妳們試試同樣美味的柴燒豬腳！」會找到這間位於城北斜坡路上的餐館，全然來自貓途鷹網站的超高評價，饕客盛讚此地的波爾圖豬下水（Tripas à Moda do Porto）全城頂尖，卻隻字未提該料理「僅周三、六供應」，導致周五午間光顧的我倆，只得退而求「D咖」！？等待豬腳／主角的短暫時間，餐館已從尚有空位變成水洩不通，店內通道和門外還站著許多等候入座的客人，動作俐落的服務生端著玻璃酒杯或熱燙陶鍋左閃右拐，自在穿梭之餘，還不忘與熟客話家常，展現資深老店才得見的「忙中優雅」。

約10分鐘後，號稱僅半份、實際超大塊的豬腳堂堂登場，為便於解剖分食，肉與骨間還插著一把利刃！坦白説，我們本對這塊出自老外之手的豬腳期待不高，加上經過長時間的柴燒窯烤，偏乾稍硬皆在可接受的範圍……未料，刀子輕輕劃開豬腳，外皮Q彈香脆兼備，肥肉鮮嫩、瘦肉溼潤，零地雷的超凡表現，讓我打從心底為剛才的「小看」向店家致歉。除此之外，這讓兩位非小鳥胃婦女吃到快翻過去的分量，居然只要€16、€16、€16，佛心價使豬腳一躍成為評價餐廳價位基準，導致類似「陽春漢堡竟然和豬腳一樣錢，離譜！」的對白不勝枚舉。

info

地址

安圖內斯餐館（波爾圖）
地址｜R. do Bonjardim 525, 4000-126 Porto
時間｜12:00～15:30、19:00～22:00
人均｜€10～€20
交通｜Trindade地鐵站以東200公尺
周邊｜聖靈教堂

「豬腳量多也就罷了，但這是在開玩笑嗎？」表現幾近滿分的「安圖內斯」，只有一個讓我倆「同聲譴責」的酷刑──滿桌子的碳水化合物，一盤子的大蒜麵包、一盆子的白米飯，以及墊在豬腳下一堆子的小馬鈴薯。在不想浪費食物又難以打包帶走的前提下，旅伴與我陷入吃版的「俄羅斯輪盤」，一人一口輪流將麵包、馬鈴薯、飯投入腹中，直到舉白旗投降為止。其實，除了口感蓬鬆欠彈性的米飯，其餘兩者都頗美味，只是對有歲的婦女而言，已無力承受如此紮實的一餐。

當肉肉子遇上菜菜子

藏身布拉加古城巷弄的「復古廚房」（Retro Kitchen），以家庭口味與溫馨氣氛廣受喜愛，平日午餐時間幾乎座無虛席。笑容靦腆老闆散發「非生意」的業餘氣質，介紹商業午餐時輕微結巴、肢體緊張，相形之下闆娘明顯沉穩，身影快速來回於外場與吧檯間，堪稱穩定軍心的鎮店大將。其

1.文青溫馨風的復古廚房
2.相當清爽的雞肉沙拉
3.無油少鹽的烤馬介休飯

info

復古廚房（布拉加）

地址 | R. do Anjo 96, 4700-867 Braga
時間 | 12:00～14:30、20:00～22:30（周日、周二休）
人均 | €10～€20
周邊 | 聖十字教堂、布拉加主教座堂

地址

實，讓老闆大費脣舌的商業午餐僅僅只有兩種選擇，一是雞肉凱薩沙拉、二是烤馬介休飯，環顧現場男女老幼，青壯年多選沙拉，中老年則偏好魚肉，年齡介於其間的我們自然各選一道。

「復古廚房」的料理手法（涼拌或蒸烤）、調味（少鹽少油）與分量（加喝水七分飽）皆符合健康取向，無怪成為樂齡族和運動咖的聚餐首選。「這能飽嗎？」眼見全場或草或魚吃得津津有味，唯獨兩個老外「黑人問號」，老闆察覺異狀前來關心，我滿面笑容比讚，默默將對肉的渴望深埋心底。

亂椅陣中豬下水

「老外也會吃下水！？」乍悉波爾圖名菜竟是由內臟燉煮而成，著實嚇了好幾跳，一如外國人對台灣小吃豬血糕「感覺恐怖」，台胞懷疑流傳數百年的豬下水「能否入口」，也只是剛好而已！所謂的波爾圖豬下水，是以豬肉、豬肚、香腸、牛肚等內臟與白豆、紅蘿蔔和月桂葉、孜然、巴西里、荳蔻等香料燉煮而成，本以為當地隨處都能嘗到，孰

1.位於世界遺產內的轉角餐館
2.供應道地划算的波爾圖豬下水
3.章魚料理十分新鮮

1.樓下料理區闊如操場
2.樓上坐位區窄似坐牢

料由於製作費工費時，料理不如想像中常見……

直到某日偶然見到旅館附近「轉角餐館」（Barrete

Encarnado）門口的廣告立牌貼有波爾圖豬下水€4

的完成照，這才有機會「一親芳澤」。

「轉角餐館」顧名思義位於兩條坡道的交叉點，是

由一對母子經營的家庭式小館，霸氣十足的闆娘鎮守一樓廚房，動作敏

捷的小老闆則在二樓夾層用餐區與一樓間來回穿梭，或許是無多餘人

手收拾擦拭，原本精心規劃的櫥窗早已結了厚厚的灰塵與蜘蛛網。作為

晚餐時間的第一組客人，我們聽從指示穿越嘎嘎叫的木樓梯，抵達地

板因年久形成波浪的二樓夾層。驚人的是，總面積不超過3坪的狹小空

間，竟有5組雙人桌、2組四人桌，每張桌上的刀叉、杯盤、麵包籃和一

瓶紅酒、玻璃杯擺放的十分整齊。但，比這更驚人的是，身為第一組客

人的我們，竟然找不到一個理想的座位……「只有這桌勉強湊合。」撇

開不合宜的四人桌，其餘的雙人桌看似活動空間游刃有餘，實際上卻都

是一種無人的假象──任一桌的任一座位只要坐進立體的人類便會堵住

動線，甚至連樓梯口都恐遭毒手（無法想像小老闆該怎麼送餐，用飛的

嗎？）。為了不讓自己摔下樓或得不斷起立讓路，最終只能坐在正中央

＋靠欄杆的位置，完全違背我倆偏好角落＋靠牆的低調性情。

小老闆迅速送來油膩發黏的純文字菜單，聰慧如我倆，立即自相機裡找

info

轉角餐館（波爾圖）
地址｜Rua da Bainharia 4, 4050-250 Porto
時間｜12:00～14:30、19:00～23:00
人均｜€10～€15
交通｜São Bento地鐵站西南400公尺
周邊｜花街、波爾圖主教座堂、恩里克王子廣場、證券交易宮

地址

出方才於門口立牌拍攝的料理照片，不消30秒，便輕鬆解決雞同鴨講的難題。不一會兒，疑似來自美國的6人家庭客浩浩蕩蕩上樓，一舉將靠牆的8個座位全部佔滿，仔細端詳菜單的父母疑問不斷，神色匆匆的小老闆答覆越發簡短急促，一心只想趕緊點餐上菜、招呼新客，畢竟他可是店內最受倚重的「唯一跑堂者」。「剛才酒瓶差點飛了！」小老闆動作飛快但不精準，得知我們喝可樂而非酒，試圖一次收去菜單與紅酒、玻璃杯的同時，卻因距離沒算好而險些將酒瓶一拳擊倒！

10分鐘後，盛裝豬下水的六吋深陶盤熱呼呼上桌，下水Q彈有嚼勁、白豆軟糯可口，複合式的香料恰好壓過內臟的腥味，滋味濃郁溫潤，比想像中的合胃口許多。只是，相較表現中上的招牌料理，接連上樓的第三、四組雙人客更引起我倆好奇：「到底要坐哪兒呢？真有點兒不敢看下去～」先來的熟齡夫妻選擇嵌進牆邊的小桌，後到的年輕情侶則緊卡樓梯口，無論先來後到，都難逃「入座即入定」的「美丁美當」狀態。妙的是，面對無處下腳的亂椅陣，小老闆展現長年下跳棋的好身手，一顛一蹦遊走各桌，目睹一切的台胞有樣學樣，趁著有他帶路下樓的時機埋單脫身。離開前，難得喘口氣的闆娘比手畫腳詢問我倆對菜色滿意與否，「Very good！」旅伴與我不約而同豎起大拇指，讚好的不只是出乎意料的美味豬下水，更包括一樓廚房的出菜效率與二樓夾層的亂中有序。

真的，沒門兒

光顧一間熱門餐廳的必要動作是：提前預訂座位？提早現場候位？站在「安東尼奧餐館」（A Cozinha por Antonio Loureiro）前的我們怎麼也想不到，此時面臨的艱難挑戰竟是「找到大門並打開它」！如同一些走低調路線的高質感餐館，「安東尼奧」隱身在吉馬良斯古城一隅的灰藍色怪狀樓房內，沒有指標亦無招牌，即使Google Maps將您導航至此，腦中也只會浮現質疑與懷疑。距離午間營業時間尚有10分，店內無動靜、店外渺人煙，只有兩個亞洲女人在屋外探頭探腦，唯一看似像入口的落地窗，玻璃上則貼有「這裡不能進入，入口請往←」葡／英文紙條，它雖未立刻幫助我們找到入口，卻起了很大的安慰作用……表示一樣「瞎」的客人所在多有。

1.不得其門而入的安東尼奧
2.餐館風格簡約有型
3.擺盤與主廚老東家貝爾坎圖似曾相識
4.一咬即斷嫩羊腿
5.介於生熟之間的巧妙馬介休

「安東尼奧」是由同名主廚開設的創意料理餐館，出身吉馬良斯的安東尼奧名聲赫赫（於Belcanto等米其林餐廳任職、獲2014葡萄牙最佳廚師），累積實力後決定返鄉開業，主打摩登、傳統並蓄的新式葡國菜。開店半小時，餐館一樓座無虛席，就在其他人尚享用前菜時，作為首組來客的我們，主菜馬介休（Bacalhau Negro，€20.5）和羊排（Cordeiro，€17.5）已率先登場。「此生最嫩！」旅伴一口羊、我一口魚，入口瞬間不約而同出聲讚嘆，醃漬鱈魚鮮嫩溼潤，質地彷彿站在熟與生之間的微妙地帶；羊排質地柔軟無比，卻保有紅肉的油脂與韌性，兩者都是活了幾十年才首次嘗到的珍饈。「懂『門道』才吃得到！」一語雙關用在「安東尼奧」格外貼切，畢竟世上像他這般難尋入口的餐館實非常態！

幾十日下來，光顧的館子遠超過十根指頭，儘管強敵環伺，卻始終無法攻下第一位置，因為

1.第一中的第一──橡果小館
2.烤蝦鮮香清甜
3.煎蘑菇水嫩嫩
4.海鮮飯濃焦脆

榮耀的桂冠自始至終都屬於首站巴塞隆納的「橡果小館」（Restaurant Los Bellota）。餐館鄰近聖家堂，門面不大、內部空間細長，整體就如當地常見的小酒館，初來乍到的我們本只想在旅館附近簡單打牙祭，見Google評價中上（4.1），怎料竟一腳踏入驚嘆連連的味蕾奇幻秀。關於店內Tapas的可口、烤蝦的清甜、火腿煎蘑菇的鮮嫩、海鮮飯的香濃皆難以文字再現，一切的好（再加上腦內的持續美化）都化作「這裡很不錯但仍是巴塞那間最好」的感嘆。一如初戀總是最美，初嘗的異國佳餚也最是難忘，而坐享天時地利的「橡果」，恰恰佔據這獨一無二的初戀皇位。

info

安東尼奧餐館（吉馬良斯）
地址｜Largo do Serralho, Guimarães
時間｜12:30〜15:30、19:30〜23:00（周一僅晚餐時段、周日休）
人均｜€20〜€30
周邊｜吉馬良斯古城牆、奧利維拉廣場

地址

info

橡果小館（巴塞隆納）
地址｜Carrer de la Marina, 298, 08025 Barcelona
時間｜12:00〜00:00（周六延至01:00）
人均｜€15〜€20
交通｜Sagrada Família地鐵站西北100公尺
周邊｜聖家堂

地址

乞丐的千萬風情

邊○○邊乞討

「先生、太太，行行好，求您可憐可憐我這歹命人。」傳統戲劇裡，乞丐總是衣衫襤褸、愁眉苦臉，輕則聲調淒涼地悲鳴不幸，重則尾隨糾纏不休……只是，別於刻板印象的卑微乞憐，西葡兩地遇到的乞丐顯得「不落俗套」，他們多數不會「過分出賣自己的尊嚴」，頂多眼神哀怨地盯著你看而已。除了在教堂門口邊放空邊乞討的常見款，還有許多意想不到的攬客與殺時間招數，畢竟同行競爭多、蹲點時間長，勢必得開創屬於自己的「丐世」藍海。

相較馬德里、里斯本一類大型城市，聖地亞哥・德孔波斯特拉雖是個人口不到十萬的小城，卻因位列天主教朝聖地而人潮絡繹。或許是朝聖者往往樂善好施的緣故，這裡遂成為乞丐密度極高的熱區，也是我們此行目擊最多「個性丐」的城市。

分析蟄伏聖地的乞丐，主要有三種類型：一是家當堆在路邊、到處和人聊天的「怡然自得型」；二是看似坐在人行道休息，但面前放了一個（剛喝完）星巴克紙杯的「順便乞討型」；三是穿著打扮與一般朝聖者無異的「跪地沉默型」，其中最後一款人常是二十出頭、好手好腳的年輕人，身邊伴隨一張寫著旅費遭竊、護照遺失等各種苦衷的密

1.大城市裡討生活的牽繩攤販檔
2.聖地亞哥處處是甫完成壯舉的朝聖者
3.聖地亞哥的傳奇姐妹花塑像與壁畫
4.請於照片中自行搜尋：
　穿著正常的長跪小姐

1.寓旅行於乞討
2.不離不棄的女人與犬

密麻麻萬言書。邊交朋友邊乞討、邊喝咖啡邊乞討、邊寫文章邊乞討……就在我們驚嘆乞討無極限時,優雅坐在巷口專注閱讀的白鬍子老伯更瞬間將層次拉高到「邊看書邊乞討」,再次印證只要有心,當乞丐也能做自己!

38天的旅途中,遇見的乞丐沒有上百也有半百,我卻獨獨只有在馬德里太陽門(Puerta del Sol)旁的步行街Calle de Preciados出手,為的不是外表看似正常、精神蕭條落魄的女人,而是她身旁不離不棄的茶色小犬。小犬乖巧專注地看著對牠喋喋不休的女人,女人一會兒高聲指責、一副「你怎麼講不聽」的凌人氣勢,一會兒又輕柔絮語、親暱地緊抱小犬不放,無論冷熱,小犬始終一臉無辜伴在主人身旁。此情此景,使我憶起數年前在倫敦街邊偶遇的另一組「女人與狗」,而他們正是我前一次付諸行動給銅板的對象。

info

聖地亞哥·德孔波斯特拉
位置│波爾圖北方230公里、馬德里西北方600公里
交通│由葡萄牙波爾圖出發,自城東「坎帕尼亞火車站」(Estação Ferroviária de Porto-Campanhã)搭乘跨境火車(車程3小時20分)至維戈(Vigo),再轉乘AVE(車程50分)前往。由馬德里出發,自城北「馬丁火車站」(Madrid Chamartin)乘AVE(車程5小時20分)直達,或可選搭航程約1小時的國內班機。
簡介│地名譯意為「繁星原野的聖地亞哥」,相傳耶穌十二門徒中的聖雅各安葬於此,古城部分於1985年列入世界文化遺產。主教座堂是古城的中心,也是朝聖之路的終點。

地址

雙色腿女孩
人人都需要同儕

對一向黑慣了的我而言,防晒乳、帽子與陽傘始終是「備而懶得用」的夏季裝飾品,如此鐵齒作風在此番西葡行可謂大有改善,加上春夏時節伊比利半島的太陽既強又烈,如果繼續堅持「裸肌」原則,變成黑炭指日可待!於是,我相當耐煩地在每次出門前塗抹一層高係數防晒乳,從臉面、脖子到手臂無一不漏,雖仍止不住漸漸轉黑的宿命,至少速度已不若之前那般快馬加鞭。

「但,妳這小腿可就……」旅伴一語道破紫外線的無所不在,一直以來只顧頭、手的我因此食到惡果,小腿以七分褲管為準,出現非常鮮明的色差,光光的腿上彷彿穿了一雙咖啡色的長筒襪!儘管老是嫌防晒麻煩,但真正黑時又不免哀怨傷感,尤其面臨小腿這般幾乎無法見人的艱難處境,更是悔不當初。為了讓情況不至更壞,我決定在剩餘的行程裡盡可能捨七分

1.啟程總是興奮的
2.完成總是放鬆的
3.與我87%像的雙色腿女孩

褲就長褲，希冀藉此讓膚色能逐漸自然調和。

小腿變成「這樣」後，我總是努力遮掩，自卑心態直到抵達聖地亞哥‧德孔波斯特拉才真正煙消雲散……

「哇！好多妹仔都這樣！」主教座堂前或坐或躺的遊人中，一位穿短褲的少女神色自若地露出一雙「上雪白、下黝黑」的健壯勇腿，轉個彎，後方廣場也可見數位揹著大包、風塵僕僕的「雙色腿女孩」，相信都是剛完成朝聖之路的同道中人。原本突兀的色差在聖地亞哥卻成了「朝聖達成」的勳章，我雖高興自己覓得「雙色腿同儕」，卻反而更不好意思露出自己的雙色小腿，畢竟無功不受祿，咱們在聖城除了吃喝玩樂啥正事都沒幹！

實際上，作為天主教聖地亞哥朝聖之路（El Camino de Santiago）的終點，城內處處是歷盡風霜的朝聖者，或持健行杖或踩自行車，一群

1.在聖地亞哥，雙色就是朝聖的印記
2.聲勢壯觀的朝聖車隊
3.等待手沖黑白照時與德國阿嬤閒聊（照片裡大腿粗到不忍睹）

群地聚集在主教座堂廣場，他們通常肉體疲憊而精神飽足，眉宇間帶

有難以言喻的滿滿達成感，風格與穿著休閒、腳步輕鬆的一般觀光客

大異其趣。對無暇朝聖的旅伴與我而言，能以第三者的身分觀察（偷

看？）朝聖者便已樂趣無窮，除了尋找和我一樣的雙色腿，也在欣賞

眾人隨地亂躺的爽快和偶然重逢的雀躍。

當然，聖城待久了難免被搭訕，笑容可掬的我倆遇上的是一位甫完成朝

聖之路的德國阿嬤，她簡短回顧長達月餘的獨旅，謙稱沒料到自己竟然

辦得到！見兩個亞洲女人對她的壯舉稱讚不已，阿嬤笑言一看就知我們

只是短暫停留的純觀光客，她十拿九穩道：「因為，妳們的鞋子都很

乾淨啊！」「早知道應該露一腿給她看，這可是妳全身最有朝聖感的部

位！」旅伴搞笑扼腕，沒料到我的雙色小腿竟然還有這等功能？！

info

> **聖地亞哥朝聖之路（聖雅各之路）**
>
> 簡介｜指由法國經庇里牛斯山往西班牙北部聖城——聖地亞哥‧德孔波斯特拉的
> 天主教朝聖之路，總長800公里，約需步行30日，1993年由聯合國教科文組織登錄
> 為世界文化遺產。朝聖者於每日清晨出發，傍晚入住朝聖者庇護所，途中有各式
> 指引符號，諸如拉丁十字、黃色箭頭、加利西亞海的扇貝圖形（Galiza即聖地亞哥
> 所在的自治區，盛產扇貝）等，不需擔心迷路。起程時須於所在地教堂申請通行
> 護照，上面註明姓名、護照號碼、出發地等，基本上，只要步行達100公里、騎自
> 行車200公里以上，即可獲得朝聖證書。整體而言，朝聖之路設施完備，飲食住宿
> 無虞，也提供行李寄送服務（直接運至下一個入住點），唯仍須留意體力狀況、
> 人身安全，切忌天黑趕路。

1.睡眼惺忪遇閱兵
2.無心插柳看畢典
3.隨興誤入羅馬趴

不如來得巧
古羅馬趴＋蝙蝠畢典＋衛兵交接

「巧遇意料之外的期間限定活動」堪稱旅途最樂事前三名，我雖毫無偏財運（彩券一字未中的檳龜機率高達九成），卻在這方面表現亮眼。西葡行前，最為我津津樂道的事蹟，就是在喀什碰上維族過新年（即古爾邦節）。回想當時，八成遊客都是專程為此前來，他們提早數月訂下艾堤朵爾清真寺周邊的旅館，就為佔據最佳瞭望點；反觀我們卻是抵達時見人潮爆棚才知「大節將至」，誤打誤撞入住正對清真寺的無敵景觀房，一待七日，從年前熱鬧採買、宰牲血流成河到年後回歸平靜全程參與，就是製作新聞專題也不過如此。「偏巧運」在西葡同樣在意想不到處大爆發，不只遇上布拉加超認真古羅馬Cosplay、一年一度科英布拉大學畢典，連難得睡個懶覺都成為直擊馬德里王宮（Palacio Real de Madrid）衛兵交接的「必備條件」⋯⋯相較只得到（大筆）現金的樂透，這樣的幸運更是千金難買！

哇！我穿越了！

「是〈羅馬浴場〉的拍攝現場？還是葡國版中影文化城？」初到布拉加舊城區，老字號「巴西人咖啡館」（Café A Brasileira）的服務生制

服立刻令人「眼睛一瞪」——女生頭戴白色花環，著藕色連身長袍，腰際繫金色辮編腰帶；男生頭戴紅色花環，著米白色羅馬時期平民裝束，腰際繫黑色皮革腰包，腳踩羅馬式皮涼鞋。他們對跳tone的復古造型處之泰然，毫無違和感地為「現代人」點餐上菜，彷彿一切本該如此。就在我們仍沉溺於嘖嘖稱奇時，迎面而來竟是滿滿的「古代（裝）人」……厲害的是，不只穿著打扮有模有樣，就連鍛造鐵器、雕刻皮件、紡線織布、製作陶器等傳統工藝，也全都循古法復刻再現。「真不簡單！」旅伴與我讚嘆的不僅是當地人對歷史文化的珍惜與傳承，更敬佩他們為烹煮一頓道地的羅馬時代料理，在氣溫飆破30度的正午，冒著裸露臂膀的晒傷風險，堅持燒柴生火的過人毅力！

1.食物同樣復刻羅馬時代
2.正港羅馬假期
3.羅馬人幫您點餐
4.整個布拉加都似拍片現場
5.買套羅馬盾劍組
6.手工藝人來真的

查詢才知，布拉加是兩千多年由羅馬帝國開國君主奧古斯都（Imperator Caesar Divi F. Augustus，凱薩的甥孫與養子）所創建的城市，為紀念並傳承這段歷史，當地政府於每年5月最後一個周三至周日（以2017年為例即為05.24～05.28，詳情可至官網查詢）舉行

info 地址

布拉加
位置｜波爾圖東北方55公里
交通｜由波爾圖出發，自市中心「聖本篤火車站」（Estação Ferroviária de Porto - São Bento，購票處位於正門右手邊）搭乘布拉加專線火車（Line de Braga），尖峰時間平均15～30分鐘一班、離峰1小時一班，車程約60～80分。
簡介｜葡萄牙重要歷史宗教名城，西元前2世紀（古羅馬時期）建城，4世紀始為基督教總教區，位於舊城內的布拉加主教座堂、聖十字教堂與郊區的山上仁慈耶穌朝聖所皆屬國家級珍寶。

為期五天的古羅馬主題嘉年華（Braga Romana），參與者均作羅馬時期裝扮，在裊裊炊煙下重現當時的經濟、生活、娛樂與飲食文化。午後，拉著木製攤車的鼓隊穿梭在古城巷內賣力宣傳，吹奏樂器的街頭表演團體也情緒高亢地炒熱氣氛，觀光客雖然數量不是頂多，但都相當捧場地鼓掌叫好，使這場精心設計的古羅馬趴始終維持一定熱度。

眾表演中，印象最深的卻是「表演者小憩時」——身穿全套羅馬裝束、頭戴（山寨）橄欖葉桂冠的婦女恢復現代人身分，坐在嵌有排水管的羅馬柱旁瞇著眼睛滑手機，這張照片若在兩千年後出土，肯定成為轟動4017年考古界的穿越謎團！

1.學生樂、家長笑、遊客跟著湊熱鬧
2.黃色＝醫學院
3.科英布拉大學畢典在鄰近的新主教座堂舉行

蝙蝠的畢業典禮

「想看一隻蝙蝠，結果來了一大群還攜家帶眷！」造訪科英布拉，必不會錯過創立於1290年的葡萄牙首座高等學府——科英布拉大學

地址

info

科英布拉

位置｜波爾圖南方110公里、里斯本北方200公里

交通｜由波爾圖／里斯本出發，自城東「坎帕尼亞火車站」／「東方車站」搭乘火車AP、IC到「科英布拉B火車站」（Coimbra-B）再免費轉乘區間車至位於市中心的「科英布拉火車站」（Coimbra），轉乘班次車票均會寫明，車程約2小時，該班次火車經常客滿，建議提早訂票。另外提醒，「科英布拉B火車站」為往返里斯本、波爾圖的中間站，因此於科英布拉上車時（無論往波爾圖或里斯本），車廂內的行李架通常已被起點站的旅客塞滿，如有大件行李，需有抱著它坐車的心理準備。

簡介｜科英布拉是葡萄牙建國初期的首都與首座大學的所在地，具有深厚的學術傳統及文化基礎。文中描述的科英布拉大學的畢業典禮，舉行時間通常是五月的最後一個周日（以2017年為例即是05.28），也可透過大學官網查詢。

（Universidade de Coimbra），自古以來，該校學生都維持穿著傳統的黑色長披肩，乍看似晝伏夜出的蝙蝠，因此有了這個暱稱。出發前，殷殷期盼有幸能與「蝙蝠」打個照面，也果然在見到第一隻落單的高跟鞋女蝙蝠時樂不可支，但「現實往往比想像得還好」（？），沿上坡前行，毗鄰大學的新主教座堂（Sé Nova）擠滿掛著各色披肩的興奮蝙蝠與他們開心無比的親朋，一旁的單向雙向道被私家車和旅遊巴士塞得水洩不通，堂外架起銀幕直播堂內畫面，現場花束、歡呼、擁抱、眼淚齊飛，綜合所有情勢研判：「我們遇上畢業典禮啦！」

結束在新主教座堂的儀式，蝙蝠們移動至校園各處拍照留念，包括觀光客必訪的主要參觀區——學校皇宮（Paço das Escolas）、聖米歇爾教堂（Capela de São Miguel）與世界最華麗古老的喬安娜圖書館（Biblioteca Joanina）等。別於蝙蝠們自在優游，欲入內一探究竟的觀光客仍得排隊買票，或許因為是學術機構，科英布拉大學的門票組合亦蘊含富有理性思辨的意涵。票券共有5種款式，櫃檯人員細細講解箇中優劣，遇上躊躇不定的中年父親依舊有問詳答，即使後方人龍蜿

皇家衛隊好威風

騎兵是矚目焦點

馬車隊氣勢騰騰

蜓依舊不改其志。等待入喬安娜圖書館的空檔（館內施行嚴格人流管制，購票時一併排定參觀時間，約為購票後2小時），不斷改換隊形合影的各群蝠蝠成為殺時間的良伴，而一直在蝠蝠間流竄的亞洲女人，也意外在許多畢業生的瞬間永恆裡佔有一席之地，說到底，人與人的緣分真是難料啊！

一覺醒來有衛兵

旅行來到最後一站馬德里，兩個馬不停蹄月餘的中年婦女決定「置景點於度外」，很狂地不訂鬧鐘睡到飽。一覺醒來，時鐘爭氣地停在10點，標示著已在異鄉爆睡12個小時！基於一切仍在掌握中，我們各自不慌不忙地收整床鋪、刷牙洗臉，好整以暇地將前日購買的棍子麵包（變超硬）與風乾番茄、起司、生火腿製作的沙拉擺盤，悠哉坐在吧檯與黑咖啡一併享用，此情此景全然貴婦等級。11:30前後，緩緩步出位於王宮對面的旅館，除了刺目的正午烈日，還有許多或蹲或站的小朋友與遊客，似乎在等候「某個事件」的發生……

很快地，騷動由遠而近如浪潮襲來，眾人紛紛將相機手機自拍棒舉高，定睛一看，竟是陣仗驚人的王宮衛兵交接儀式！個兒高如我，立刻卡到不錯的角度，一會兒鼓隊、一會兒騎兵隊，拍得好不過癮。略感愧疚的是，由於得來太過輕鬆（人家在戶外晒太陽、我們在屋內睡

普拉多美術館的免費時段值得一排　　　　只今限定！與馬德里王宮失之交臂

info

馬德里王宮
地址｜Calle de Bailén, s/n, 28071 Madrid
時間｜10:00～20:00
票價｜€11（18:00～20:00免費）
交通｜Opera地鐵站以西300公尺
簡介｜西班牙國王的正式駐地，目前用於國事活動，亦對公眾開放，國王菲利普六世與皇室住在郊外的薩爾蘇埃拉宮（Palacio de la Zarzuela）而不在此。

地址

大覺），致使內心對蹲點許久的大小前輩「覺得抱歉」。一經Google查詢才知，衛兵交接僅於每月的首個周三正午舉行，對此一無所知的我，儘管選中王宮旁的旅館，卻壓根兒不知此事。話雖如此，幸運之神偏偏讓我們在五月的第一個周三破紀錄地晚出門，才有幸得以親眼欣賞西班牙皇家衛隊的英姿風采。

晒了3件幸運的「巧」事，像我們這樣普通的女子，當然也有「不巧」的時候……話說，前一日嘗到普拉多美術館（Museo Nacional del Prado）免費時段（18:00～20:00）的甜頭後，旅伴再接再厲查到「王宮也有相同好康」的珍貴訊息，於是我倆照樣造句，提早30分至現場排隊。然而，別於那廂普拉多隊伍綿延近公里，這廂王宮竟然只有短短一排？如此不合理的狀況，讓我們的心情很快地由歡喜轉為疑惑。果然，前面的遊客在與門口警衛對話後臉色一沉，爾後悻悻然離去，努力拉長耳朵打探，原來是「今日有國賓蒞臨，16:00以後不對外開放」。「只有今天而已！」警衛的安慰聽在耳裡毫不受用，因為這可是我們在馬德里的最後一日！

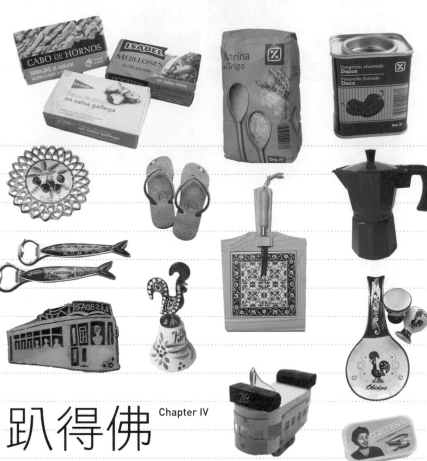

趴得佛
樂買手信

旅途中，購物一向是不可或缺的「強心針」，在快走不動或將被熱暈的瞬間，只要有「血拚目標」出現，便可立即喚醒渾身細胞，精神抖擻撒錢去！好消息是，西葡兩國皆十分好買，手信店俯拾即是，從重量級的磁磚瓷器、杯碗瓢盆、罐頭橄欖油，到可以一手掌握的磁鐵開瓶器、胸針領帶夾、珍稀香料番紅花，再至當地特產的軟木製品、醇酒佳釀與聖家堂、28路電車等景點製作的各類模型。無論是偏好沾灰塵的美麗廢物，還是派得上用場的切實好物，相信都能在旅途中找到命中注定的有緣之物。

釀旅人40　PE0155

 伊比利半島手刀擒來
——手工釀葡萄牙×西班牙醉人汁旅

作　　　者	粟　子
責任編輯	杜國維
圖文排版	王嵩賀
封面設計	王嵩賀

出版策劃	釀出版
製作發行	秀威資訊科技股份有限公司
	114 台北市內湖區瑞光路76巷65號1樓
	電話：+886-2-2796-3638　傳真：+886-2-2796-1377
	服務信箱：service@showwe.com.tw
	http://www.showwe.com.tw
郵政劃撥	19563868　戶名：秀威資訊科技股份有限公司
展售門市	國家書店【松江門市】
	104 台北市中山區松江路209號1樓
	電話：+886-2-2518-0207　傳真：+886-2-2518-0778
網路訂購	秀威網路書店：https://store.showwe.tw
	國家網路書店：https://www.govbooks.com.tw
法律顧問	毛國樑　律師
總 經 銷	聯合發行股份有限公司
	231新北市新店區寶橋路235巷6弄6號4F
	電話：+886-2-2917-8022　傳真：+886-2-2915-6275

出版日期	2019年8月　BOD一版
定　　價	380元

國家圖書館出版品預行編目

伊比利半島手刀擒來：手工釀葡萄牙×西班牙醉人汁
旅 / 粟子著. -- 一版. -- 臺北市：釀出版, 2019.08
　　面；　公分. --（釀旅人；40）
　BOD版
　ISBN 978-986-445-345-0(平裝)

1.遊記 2.西班牙 3.葡萄牙

746.19　　　　　　　　　　　　　　108010600

讀者回函卡

感謝您購買本書,為提升服務品質,請填妥以下資料,將讀者回函卡直接寄
回或傳真本公司,收到您的寶貴意見後,我們會收藏記錄及檢討,謝謝!
如您需要了解本公司最新出版書目、購書優惠或企劃活動,歡迎您上網查詢
或下載相關資料:http:// www.showwe.com.tw

您購買的書名:＿＿＿＿＿＿＿＿＿＿＿＿＿＿＿＿＿＿＿＿＿＿＿

出生日期:＿＿＿＿＿年＿＿＿＿＿月＿＿＿＿＿日

學歷:□高中 (含) 以下　　□大專　　□研究所 (含) 以上

職業:□製造業　□金融業　□資訊業　□軍警　□傳播業　□自由業
　　　□服務業　□公務員　□教職　　□學生　□家管　□其它＿＿＿

購書地點:□網路書店　□實體書店　□書展　□郵購　□贈閱　□其他

您從何得知本書的消息?

　□網路書店　□實體書店　□網路搜尋　□電子報　□書訊　□雜誌
　□傳播媒體　□親友推薦　□網站推薦　□部落格　□其他＿＿＿＿＿

您對本書的評價:(請填代號　1.非常滿意　2.滿意　3.尚可　4.再改進)
　封面設計＿＿　版面編排＿＿　內容＿＿　文／譯筆＿＿　價格＿＿

讀完書後您覺得:

　□很有收穫　□有收穫　□收穫不多　□沒收穫

對我們的建議:＿＿＿＿＿＿＿＿＿＿＿＿＿＿＿＿＿＿＿＿＿＿＿

＿＿＿＿＿＿＿＿＿＿＿＿＿＿＿＿＿＿＿＿＿＿＿＿＿＿＿＿＿＿

＿＿＿＿＿＿＿＿＿＿＿＿＿＿＿＿＿＿＿＿＿＿＿＿＿＿＿＿＿＿

＿＿＿＿＿＿＿＿＿＿＿＿＿＿＿＿＿＿＿＿＿＿＿＿＿＿＿＿＿＿

11466
台北市內湖區瑞光路 76 巷 65 號 1 樓

秀威資訊科技股份有限公司　　　收

BOD 數位出版事業部

⋯⋯⋯⋯⋯⋯⋯⋯⋯⋯⋯⋯⋯⋯⋯⋯⋯⋯⋯⋯⋯⋯⋯⋯⋯⋯⋯⋯

（請沿線對折寄回，謝謝！）

姓　　名：＿＿＿＿＿＿＿＿　年齡：＿＿＿　性別：□女　□男

郵遞區號：□□□□□

地　　址：＿＿＿＿＿＿＿＿＿＿＿＿＿＿＿＿＿＿＿＿

聯絡電話：(日) ＿＿＿＿＿＿＿＿　(夜) ＿＿＿＿＿＿＿＿

E-mail：＿＿＿＿＿＿＿＿＿＿＿＿＿＿＿＿＿＿＿＿